OSHO

Ein Kurs in Meditation

OSHO

Ein Kurs in Meditation

In 21 Tagen
zur inneren Freiheit

Aus dem Englischen von
Rajmani H. Müller

Impressum
© 2021 der deutschsprachigen Ausgabe by Irisiana Verlag,
einem Unternehmen der Penguin Random House Verlagsgruppe GmbH,
Neumarkter Straße 28, 81673 München
Copyright © 2019 Osho International Foundation, www.osho.com/copyrights
OSHO® und OSHO MEDITATION® sind eingetragene Markenzeichen
der Osho International Foundation, www.osho.com/trademarks

This translation published by arrangement with Harmony Books,
an imprint of Random House, a division of Penguin Random House LLC
All rights reserved including the right of reproduction
in whole or in part in any form.

Sollte diese Publikation Links auf Webseiten Dritter enthalten,
so übernehmen wir für deren Inhalte keine Haftung,
da wir uns diese nicht zu eigen machen, sondern lediglich auf deren Stand
zum Zeitpunkt der Erstveröffentlichung verweisen.

Dieses Buch wurde aus zahlreichen Originalvorträgen
von Osho zusammengestellt, die in Buchform und vornehmlich
englischer Sprache vollständig veröffentlicht wurden und ebenso
als Audioaufnahmen im Osho-Originalton vorliegen.
Siehe: www.osho.com/library

Penguin Random House Verlagsgruppe FSC® N001967

Projektleitung: Inga Heckmann
Übersetzung: Rajmani H. Müller
Lektorat: Inga Heckmann
Korrektorat: Susanne Langer-Joffroy
Herstellung: Claudia Scheike
Satz: Leingärtner, Nabburg
Layout: Andrea Lau
Coverdesign: Sarah Horgan
Umschlaggestaltung: Geviert, Grafik & Typografie
unter Verwendung des Original-Coverdesigns von Sarah Horgan
Druck und Bindung: GGP Media GmbH, Pößneck
Printed in Germany

ISBN: 978-3-424-15381-1

INHALT

Einführung

1. TAG: *Was ist Meditation?* 15
   DIE MEDITATION: Achtsamkeit im Alltag 21

2. TAG: *Meditationen für Liebe und Beziehung* 27
   DIE MEDITATIONEN: Liebe dich selbst;
   Partnermeditation für das Einssein 31

3. TAG: *Meditationen über die Wut* 37
   DIE MEDITATION: Verändere das Muster der Wut 42

4. TAG: *Leben in der Balance* 47
   DIE MEDITATION: Akzeptiere das Negative und
   das Positive 51

5. TAG: *Liebe und Meditation – Hand in Hand* 57
   DIE MEDITATION: Das Öffnen der Herzensblüte 62

6. TAG: *Lebe gefährlich* 67
DIE MEDITATION: **Lass die Rüstung schmelzen** 73

7. TAG: *Beobachte den Verstand* 79
DIE MEDITATIONEN: **Genieße den Verstand – und STOPP!** 85

8. TAG: *Man braucht Intelligenz, um glücklich zu sein* 91
DIE MEDITATION: **Das innere Lächeln** 96

9. TAG: *Die Einheit von Körper, Geist und Seele* 101
DIE MEDITATION: **Stell dir vor, du läufst** 106

10. TAG: *Werde langsamer* 111
DIE MEDITATION: **Hülle dich in eine Aura der Freude** 116

11. TAG: *Jeder Mensch ist kreativ* 123
DIE MEDITATION: **Vom Kauderwelsch zur Stille** 128

12. TAG: *Intuition – Lernen von innen* 133
DIE MEDITATION: **Entdecke den Zeugen** 138

13. TAG: *Meditation und Konditionierung* 143
DIE MEDITATION: **Wirf alles raus!** 148

14. TAG: *Wie man aufhört, andere zu beurteilen* 151
DIE MEDITATION: **Transformiere das Urteilen** 156

15. TAG: *Die Kunst des Zuhörens* 161
DIE MEDITATION: **Finde dein Zentrum im Mittelpunkt des Klangs** 165

16. TAG: *Entspannung durch Achtsamkeit*   169
   DIE MEDITATION: Lerne die Kunst des Loslassens   174

17. TAG: *Akzeptiere dich ganz und gar*   179
   DIE MEDITATION: Schaue einen Gegenstand als Ganzes an   183

18. TAG: *Sex, Liebe und Meditation*   189
   DIE MEDITATION: Transformiere die sexuelle Energie   196

19. TAG: *Leben in Freude*   201
   DIE MEDITATION: Schaffe Raum für die Freude   205

20. TAG: *Reife und die Verantwortung, du selbst zu sein*   211
   DIE MEDITATION: Vollende den Tag   215

21. TAG: *Zorba the Buddha*   219
   DIE MEDITATION: Werde beim Essen und Trinken zum Geschmack   226

Empfohlene Bücher vom Autor, nach Themen geordnet   230

Osho International Meditation Resort   233

Über den Autor   236

EINFÜHRUNG

Wenn du ein erfüllteres Leben haben willst, mache dich auf und erkenne zunächst dein Potenzial: Wer bist du wirklich? Zu diesem Wissen gelangst du auf dem Weg des Meditierens.

Meditation ist die Methodik der Wissenschaft vom Bewusstsein. Die Schönheit dieser inneren Wissenschaft liegt darin, dass sie jedem, der sein Inneres erforschen und damit experimentieren will, die Möglichkeit bietet, dies für sich allein zu tun. Jegliche Abhängigkeit von äußeren Autoritäten fällt somit weg – es besteht keine Notwendigkeit, einer Organisation anzugehören oder sich einer bestimmten Ideologie zu verpflichten. Sobald du die nötigen Schritte verstanden hast, kannst du deinen eigenen, individuellen Weg gehen.

Viele meditative Techniken verlangen, dass man unbeweglich dasitzt und ganz still ist. Das fällt den meisten von uns schwer, weil wir viel Spannung und Stress in unserem Körper und unserer Psyche angesammelt haben.

Aber was genau ist Meditation? Und wie fängt man damit an?

Dieser Erfahrungskurs in 21 Tagen ist so konzipiert, dass er dir einen Geschmack von Meditation vermittelt, wie Osho, der moderne Mystiker des Jetzt, sie lehrt. Vielleicht ist dir Osho schon aus seinen Büchern bekannt, die in mehr als sechzig Sprachen übersetzt und publiziert wurden. Osho ist Mystiker und Wissenschaftler zugleich, ein rebellischer Geist, dessen einzigartiger Beitrag zum Verständnis davon, was die Essenz unseres Menschseins ausmacht, jeder Kategorisierung widersteht. Sein einziges

Anliegen ist es, der Menschheit bewusst zu machen, wie dringend wir Menschen es nötig haben, einen neuen Lebensstil für uns zu entdecken. Nach Oshos Verständnis kann sich die Welt nur ändern, wenn *wir* uns ändern – jedes Individuum für sich. Und im Ergebnis wird die Summe unserer »Selbste« – Gesellschaft, Kultur, Glaubenssysteme, unsere Welt – sich wandeln. Das Tor zu diesem Wandel ist Meditation.

Für Anfänger in der Meditation ist dieses Buch eine schrittweise Anleitung, sie zu erlernen – achtsam und still zu werden. Für erfahrene Meditierende ist es ein Schlüssel, um ihre Praxis auf eine höhere Stufe zu heben. Als Teil dieses 21-Tage-Programms wirst du jeden Tag in einen anderen Aspekt meditativen Lebens eingeführt, wobei du die Auszüge aus Oshos Reden schon beim Lesen als eine meditative Erfahrung erleben kannst. Als Leser des deutschen Buches findest du im Abschnitt »OSHOS WORTE« den jeweiligen Text zum Tagesthema. Anschließend folgt die Beschreibung einer einfachen Meditationstechnik oder Übung, mit der du experimentieren kannst, um einen Vorgeschmack von Meditation zu bekommen. Jedes der 21 Kapitel endet mit einem »Zitat des Tages« von Osho und einer Seite für »Notizen«, auf der du eine Art »Tagebuch« über deine Erfahrungen führen kannst.

Am Ende des Buches findest du eine Liste deutschsprachiger Osho-Bücher, in denen die hier behandelten Tagesthemen ausführlicher dargelegt werden.

Gerade so wie die Wissenschaft die äußere Welt erforscht, so wendet Osho auch in der inneren Welt der Meditation und Selbsterforschung eine wissenschaftliche Vorgehensweise an. Er hat mit sämtlichen in der Vergangenheit entwickelten Meditationstechniken experimentiert und ihre

Wirkungen auf die Menschen unserer Zeit untersucht. Dabei zeigte sich, dass unser hyperaktiver Verstand sich sehr schwer damit tut, einfach nur still dazusitzen und beispielsweise den Atem zu beobachten. Oder wie leicht ein heiliges Mantra alter Überlieferung als schneller Ersatz für eine moderne Schlaftablette dienen kann. Aus diesem Verständnis heraus hat Osho neue Meditationen für die Menschen von heute kreiert. Er empfiehlt, beim Körper zu beginnen und uns dessen gewahr zu werden, was wir durch Beobachten der Gedanken und Empfindungen im Körper-Geist-Komplex über uns erfahren können. Viele von Oshos Meditationen beginnen mit körperlicher Aktivität, um zuerst Verspannungen im Körper und psychischen und körperlichen Stress zu lösen. Danach ist es einfacher, sich zu entspannen und ruhige, stille Achtsamkeit und Gewahrsein zu erleben.

Osho hat auch die »Kunst des Zuhörens« in ein Eingangstor zur Meditation verwandelt. In seinen täglichen Gesprächen mit den um ihn versammelten Menschen aller Altersstufen, Nationalitäten und kulturellen Wurzeln beantwortet er deren Fragen und Anliegen und entwirft seine Vision für eine gesündere, mehr von innen gesteuerte Lebensweise. Diese »Osho Talks« sind in seinen zahlreichen, weltweit erhältlichen Büchern veröffentlicht. Wie Osho immer wieder betont, handelt es sich bei seinem Reden eigentlich nicht um »Vorträge«, die dazu dienen, Informationen zu vermitteln. Er sagt: »*Mein Reden ist keine Rhetorik; ich predige euch keine Lehre. Mein Reden ist ein ganz willkürliches Hilfsmittel, um euch den Geschmack der Stille zu vermitteln.*«

Mit anderen Worten: »Osho Talks« sind selbst eine Meditation. Die Worte sind wie Musik, und der Zuhörende kann dabei entdecken, *wer* es ist, der da zuhört. Sein Bewusstsein verlagert sich von dem, *was* er hört, auf das Individuum, das im Innern lauscht.

Anmerkung für englischsprachige Leser: Diesen Meditationskurs gibt es in einer englischen Audiobook-Ausgabe, die es dir ermöglicht, Oshos Talks unmittelbar als »Hörmeditation« zu erleben, wenn du das möchtest. Du kannst dort jeweils dem Ausschnitt »OSHOS WORTE« im Originalton Oshos lauschen. Anschließend steht es dir frei, dich von einer anderen, begleitenden Stimme durch die Meditationstechnik des jeweiligen Tages hindurchführen zu lassen. Du kannst jederzeit zum gedruckten Text zurückkehren.

TAG 1

Was ist Meditation?

Wir beginnen heute mit einer grundlegenden Frage: *Was ist Meditation?*

Osho antwortet an diesem Punkt, dass Meditation eine Qualität ist, mit der wir bereits auf die Welt kommen, und dass unsere Aufgabe einfach darin besteht, uns wieder daran zu erinnern und uns mit dieser Qualität zu verbinden, die wir als Kind schon besaßen.

In jedem Kapitel gibt es nach dem Textabschnitt »OSHOS WORTE« jeweils eine Meditations- oder Achtsamkeitsübung von Osho. Du kannst jederzeit damit experimentieren, wie es für dich passt, zum Beispiel heute Abend vor dem Schlafengehen.

OSHOS WORTE

Meditation ist ein Zustand von Nicht-Denken. Meditation ist ein Zustand reinen Bewusstseins ohne Inhalt. Gewöhnlich ist dein Bewusstsein getrübt, einem staubbedeckten Spiegel ähnlich. Im Kopf herrscht ständiger Verkehr: Gedanken ziehen vorüber, Wünsche, Erinnerungen, Erwartungen ziehen vorbei – ein ständiges Kommen und Gehen, tagaus, tagein. Selbst wenn du schläfst, ist der Verstand in Aktion; dann träumt er. Ohne Unterlass denkt er immer weiter, voller Sorgen und Ängste. Im Schlaf bereitet er sich auf den nächsten Tag vor; eine Vorbereitung im Untergrund.

Das ist der nicht-meditative Zustand, das genaue Gegenteil von Meditation. Erst wenn der Verkehr zum Stillstand kommt und das Denken aufhört – kein Gedanke taucht auf, kein Wunsch regt sich, du bist absolut still – diese Stille ... das ist Meditation. In dieser Stille wird die Wahrheit erkannt, und sonst niemals. Meditation ist ein Zustand des Nicht-Denkens. Du kannst Meditation nicht mit dem denkenden Verstand finden, weil sich der Verstand ständig selbst aufrechterhält. Du kannst Meditation nur finden, wenn du den Verstand beiseitelässt, gelassen und unbeteiligt bleibst und nicht mit dem Denken identifiziert bist. Nur, wenn du deinen Gedanken zuschauen kannst, wie sie vorüberziehen, ohne dich mit ihnen zu identifizieren. Ohne zu denken: »Ich bin das.«

Meditation ist die bewusste Einsicht: »Ich bin nicht mein Denken.«

Wenn sich dieses Gewahrsein immer mehr in dir vertieft, wirst du hier und da ein paar Augenblicke erleben – Momente der Stille, Momente reiner Klarheit und Transparenz, Momente, in denen sich nichts in dir regt und alles ruht. In solch stillen Momenten erkennst du, wer du bist. Du erkennst, worin das Mysterium dieser Existenz besteht.

Hast du erst einmal ein paar Tautropfen von diesem Nektar geschmeckt, kommt in dir eine große Sehnsucht auf, immer tiefer und tiefer darin einzutauchen. Eine unwiderstehliche Sehnsucht, ein großer Durst entsteht, wenn du entflammt bist!

Hast du ein paar Momente von dieser Stille, dieser Freude, diesem meditativen Bewusstsein gekostet, dann möchtest du dies als ständigen Zustand, als Kontinuität erfahren. Und wenn es für einige kurze Augenblicke möglich war, wird es danach auch kein Problem sein. Mit der Zeit werden sich solche Momente immer öfter ereignen. In dem Maße, wie du damit umgehen lernst und den Dreh herausbekommst, dich nicht in deine Gedanken zu verwickeln, in dem Maße, wie du die Kunst lernst, unberührt den Denkprozess von außen zu beobachten, in dem Maße, wie du dir die wissenschaftliche Methode aneignest, Abstand zwischen dich und deine Gedanken zu bringen – in diesem Maße wird Meditation immer häufiger wie ein Schauer auf dich herabregnen. Je mehr sie sich auf dich herabsenkt, umso mehr wird sie dich transformieren. Irgendwann wird der Tag kommen, der segensreiche Tag, an dem Meditation zu deinem Naturzustand wird.

Der Verstand ist etwas Unnatürliches; er wird nie zu deinem natürlichen Zustand werden. Meditation ist unser ursprünglicher Naturzustand, den wir verloren haben. Sie ist unser verlorenes Paradies, doch wir können es zurückgewinnen. Schau einem Kind in die Augen, und du siehst darin eine ungeheure Stille und Unschuld. Jedes Neugeborene bringt den meditativen Zustand schon mit auf die Welt. Zuerst muss es aber in die Funktionsweise unserer Gesellschaft eingeweiht werden. Wir müssen ihm beibringen, wie man denkt, wie man rechnet, wie man logisch schlussfolgert, wie man argumentiert. Wir müssen ihm Wörter, Sprache, Begriffe beibringen. So verliert das Kind nach und nach seine Unschuld. Es wird infiziert, kontaminiert, von Umwelt und Gesellschaft vergiftet. Aus ihm wird eine gut funktionierende Maschine – es ist nicht mehr Mensch.

Alles was nottut, ist also, diesen verlorenen Zustand in uns wieder zurückzugewinnen. Du kanntest ihn einst. Es wird dich überraschen, wenn du Meditation zum ersten Mal erlebst: Du wirst ein großartiges Gefühl haben, als würdest du dies schon kennen. So ist es auch: Du hast es früher schon gekannt, du hast es nur vergessen. Unter Bergen von Müll ist der Diamant verloren gegangen. Doch wenn es dir gelingt, den ganzen Schrott abzutragen, wirst du darunter den Diamanten wiederfinden – er ist dein.

Er kann nicht wirklich verloren gehen, er kann nur vergessen werden.

Wir sind geborene Meditierer, aber dann lernen wir, mit dem Verstand zu funktionieren. Unsere wahre Natur blieb uns verborgen, als Unterströmung irgendwo in der Tiefe. Sobald du aber eines Tages ein bisschen zu graben beginnst, wirst du entdecken, dass die Quelle noch sprudelt, eine Quelle frischen Wassers. Sie zu finden ist die höchste Freude im Leben.

Ein Kind wird geboren ... das Kind kommt auf die Welt, bereit zu leben, mit enorm viel Energie. Das Kind ist nichts als reine Energie, die sich verkörpert hat. Das Erste, was das Kind suchen und finden muss, ist die Mutterbrust. Natürlich, denn das Kind ist hungrig. In den neun Monaten im Mutterleib wurde es automatisch ernährt; das Kind lebte als Teil seiner Mutter. Nun ist es abgetrennt von der

Mutter, ein eigenständiges Wesen – und die erste Sache, sein dringendstes Bedürfnis, besteht darin, Nahrung zu finden. Damit beginnt die äußere Reise.

Den Zugang zu dieser Welt liefert die Mutterbrust. Sie hat zwei Dinge vollbracht: Sie hat das Kind genährt – denn Überleben stand an erster Stelle, und die Brust war Nahrung, die Brust war Leben. Und zweitens gab die Brust dem Kind Wärme, sie gab dem Kind Geborgenheit, sie gab ihm Liebe. Nur deshalb sind Essen und Liebe so eng miteinander verknüpft.

Darum fängst du an, zu viel zu essen, wenn du dich ungeliebt fühlst. Wer süchtig nach Essen wird, dem mangelt es an Liebe. Dann sucht man einen Ersatz dafür im Essen. Wenn du wirklich geliebt wirst, kannst du dich nicht überessen.

Meditation bedeutet, dir bewusst zu werden, dass die Quelle des Lebens in dir selbst liegt. Der Körper hängt vom Außen ab, das ist wahr, aber du bist nicht nur der Körper. Du hängst nicht vom Außen ab; du hängst von der inneren Welt ab. Diese beiden Richtungen stehen zur Verfügung: sich nach außen oder nach innen zu bewegen. Meditation ist die Erkenntnis: »Es gibt auch eine innere Welt, und ich muss nach ihr suchen.«

Meditation bedeutet, das Bewusstsein wendet sich seiner Quelle im Innern zu.

Mit dem bewussten Verstand können wir das Objekt begreifen. Meditation ist die Methode, um das Subjekt zu verstehen. Beim denkenden Verstand geht es um Inhalte, beim Meditieren geht es um das Bewusstsein, in dem alles enthalten ist. Der Verstand ist fixiert auf die Wolken, und Meditation strebt nach dem Himmel. Die Wolken kommen und gehen, der Himmel bleibt, ist immer da.

Suche den inneren Himmel. Und wenn du ihn findest, stirbst du nie.

DIE MEDITATION:
ACHTSAMKEIT IM ALLTAG

Der folgende Text stammt aus dem *Buch der Geheimnisse* von Osho. Er beschreibt darin eine einfache Technik, um dir eine Erfahrung und einen Vorgeschmack zu geben, wie du die Aktivitäten deines täglichen Lebens mit mehr Bewusstheit erfüllen kannst. Wenn du mit dieser Technik experimentierst, wird es dir gelingen, deinen natürlichen meditativen Zustand inmitten all des Lärms und im Getriebe des Verstandes allmählich zurückzugewinnen.

Osho sagt:

»Wenn ich sage, dass Achtsamkeit sich nicht durch den Verstand erreichen lässt, meine ich damit, dass du da nicht hingelangen kannst, indem du darüber nachdenkst. Es lässt sich nur im Tun erreichen, nicht durch Nachdenken.

Denke also nicht weiter darüber nach, was Achtsamkeit ist, wie du sie erlangen kannst oder zu welchem Ergebnis sie führen wird. Denke nicht weiter darüber nach, sondern beginne, Achtsamkeit umzusetzen.

Während du die Straße entlanggehst, geh mit Achtsamkeit. Das ist schwierig, und du wirst es immer wieder vergessen, aber lass dich davon nicht entmutigen. Sobald es dir wieder einfällt, sei hellwach.

Tue jeden Schritt in voller Wachheit, ganz bewusst.

Bleibe bei dem Schritt und erlaube dem Verstand nicht, irgendwo anders hinzugehen.

Während des Essens, iss! Kaue dein Essen mit Achtsamkeit. Bei allem, was du tust: Tue es nicht mechanisch. Ich kann zum Beispiel meine Hand mechanisch heben. Aber ich *kann meine Hand auch mit voller Aufmerksamkeit heben: mit der Geistesgegenwart, dass sich jetzt meine Hand hebt.«*

Die Technik

Tue es, versuche es – jetzt gleich. Greife nach einem in der Nähe befindlichen Gegenstand und hebe ihn auf, wie du es normalerweise tun würdest, mechanisch. Dann lege ihn wieder zurück.

Und nun … werde dir deiner Hand bewusst, fühle sie von innen her. Wenn es irgendeine Anspannung in der Hand, in den Fingern gibt, lass die Spannung los.

Bleibe bei der bewussten Wahrnehmung deiner Hand, behalte die volle Aufmerksamkeit in der Hand und greife wieder nach dem Gegenstand. Hebe ihn auf. Fühle seine Textur, sein Gewicht. Wie er sich anfühlt in deiner Hand. Schau mal, wie deine Hand mit diesem Gegenstand umgehen will … ihn umzudrehen, ihn zu wiegen, damit zu spielen … oder halte ihn einfach still. Ganz bewusst, achtsam bei jeder Bewegung.

Jetzt lege ihn zurück, während du aufmerksam auf die Bewegung deiner Hand achtest. Du wirst den Unterschied spüren. Dein Tun hat sofort eine andere Qualität.

Osho sagt:

»Wenn du zum Beispiel mit Achtsamkeit isst, kannst du nicht mehr essen, als dein Körper braucht.
Die Qualität ändert sich. Wenn du beim Essen achtsam bist, wirst du mehr kauen. Mit der unbewussten, mechanischen Angewohnheit stopfst du dir immer nur den Magen voll. Da kaust du überhaupt nicht, sondern schlingst nur einfach alles hinunter. Dann verpasst du den Genuss, und

weil der Genuss wegfällt, isst du mehr, um den Genuss doch noch zu finden. Es schmeckt nach nichts, also musst du mehr essen.
Werde einfach achtsam damit und schau, was dann passiert. Wenn du achtsam bist, wirst du mehr kauen und auf diese Weise mehr Geschmack daran finden; du wirst anfangen, das Essen richtig zu genießen. Und wenn der Körper es genießt, lässt er dich wissen, wann es genug ist.«

Am besten fängst du gleich heute an, mit dieser Achtsamkeitsübung zu experimentieren, und auch in den nächsten Tagen, in den unterschiedlichsten Situationen. Für diese Art von Meditation brauchst du keine Extrazeit zu reservieren. Hier geht es darum, in einer entspannten, spielerischen Weise während der gewöhnlichen, alltäglichen Tätigkeiten meditativ zu sein. Banale Dinge, die du normalerweise gedankenlos erledigen kannst – mache sie jetzt achtsam.

Zitat des Tages

Wenn der Verstand weiß, nennen wir es Kenntnisse.
Wenn das Herz weiß, nennen wir es Liebe.
Und wenn das Sein weiß, nennen wir es Meditation.

– Osho

Notizen

1. Tag was ist Meditation?

_____
_____
_____
_____
_____
_____
_____
_____
_____
_____
_____
_____
_____
_____
_____
_____
_____
_____
_____
_____
_____
_____
_____
_____

TAG 2

*Meditationen für
Liebe und Beziehung*

Es ist *eine* Sache, Gewahrsein oder Achtsamkeit in unsere physischen Aktivitäten und Körperempfindungen einzubringen, während wir gehen, essen, den Fußboden reinigen oder sonst etwas erledigen; oder unsere Gedanken und Gefühle bewusst wahrzunehmen, wenn wir allein sind, um ein bisschen Abstand zu gewinnen. Etwas ganz *anderes* ist es jedoch, die gleiche Qualität von Gewahrsein im Umgang mit anderen Menschen, speziell unseren Intimpartnern, zu pflegen. Um diesen Bereich unseres Lebens geht es beim Programm des heutigen Tages.

OSHOS WORTE

Liebe ist keine feste Beziehung. Liebe bezieht sich, aber eine »Beziehung« ist sie nicht. Was wir »Beziehung« nennen, ist etwas Fertiges. Eine Beziehung ist ein Substantiv; der Schlusspunkt ist schon gesetzt, die Flitterwochen sind zu Ende. Vorbei ist die Freude, das Entzücken, die Begeisterung – das ist nun alles vorüber. Beziehung bedeutet etwas Fertiges, Abgeschlossenes, Beendetes.

Liebe kann keine Beziehung sein – Liebe ist Sich-Beziehen. Sie ist immer ein Strömen, ein Dahinfließen, ohne Ende. Liebe kennt keinen Schlusspunkt; die Flitterwochen beginnen, aber enden nie. Liebe ist nicht wie ein Roman, der an einem bestimmten Punkt anfängt und an einem bestimmten Punkt endet; sie ist ein kontinuierliches Phänomen. Liebende enden, doch die Liebe dauert fort; sie ist ein Kontinuum – ein Verb, kein Substantiv.

Wie kommt es, dass wir die Schönheit des Sich-Beziehens auf eine »Beziehung« reduzieren? Warum haben wir es damit so eilig? Weil es uns zu ungewiss ist, uns nur »zu beziehen«. Eine Beziehung ... das verspricht Gewissheit, bedeutet Absicherung. Das Sich-Beziehen hingegen ist wie das Zusammentreffen von zwei Fremden, vielleicht ein One-Night-Stand, und am nächsten Morgen sagt man sich Adieu. Wer weiß denn, was morgen sein wird? Und wir sind solche Angsthasen, dass wir auf Nummer sicher gehen wollen; wir wollen immer wissen, woran wir sind, wollen alles vorhersehbar machen. Wir wollen das Morgen nach unseren Vorstellungen planen und lassen ihm keine Freiheit, kein Mitspracherecht. Deshalb reduzieren wir jedes Verb sofort zu einem Substantiv. Du verliebst dich in eine Frau, in einen Mann, und gleich denkst du ans Heiraten und willst einen Ehevertrag schließen. Warum?

In einer besseren Welt, mit meditativeren Menschen und ein bisschen mehr Erleuchtung über die ganze Welt verteilt, werden die Menschen lieben, sie werden sich unermesslich lieben, doch ihre Liebe wird ein lebendiges Sich-Beziehen bleiben und nicht in Beziehungskisten münden. Damit sage ich aber nicht, dass ihre Liebe nur vorübergehend sein wird. Ihre Liebe hat alle Chancen, dass sie tiefer geht als eure Liebe, eine höhere Qualität von Intimität aufweist, mehr Poesie und Göttlichkeit enthält. Ihre Liebe hat alle Chancen, dass sie länger hält als alle eure sogenannten »Beziehungen«. Dafür wird es allerdings keine Garantie geben – weder durch Gesetze noch durch Richter oder Polizei. Nur eine innerliche Garantie wird es geben, ein stillschweigendes Einverständnis der Herzen, eine wortlose Kommunion. Wenn du Freude daran hast, mit jemandem zusammen zu sein, wirst du von dieser Freude mehr und mehr genießen wollen. Wenn ihr Freude an der Intimität zwischen euch habt, werdet ihr eure intime Nähe mehr und mehr erforschen wollen.

Vergesst alle Beziehungen und lernt, euch ständig neu aufeinander zu beziehen.

Ist man erst einmal in einer »Beziehung«, fängt man schnell an, den anderen für selbstverständlich zu nehmen. Das zerstört alle Liebesgeschichten. Doch im gegenseitigen Sich-Beziehen bleibt ihr immer am Anfang, seid ihr ständig bemüht, euch näher kennenzulernen. Immer wieder zeigt ihr euch gegenseitig von einer völlig neuen Seite. Ihr versucht, den anderen in den mannigfachen Facetten seiner Persönlichkeit zu erkennen, bemüht euch, sein inneres Reich der Gefühle tiefer und tiefer zu ergründen und bis in die tiefsten Nischen seines Wesens vorzudringen. Ihr versucht, ein Geheimnis zu enthüllen, das nicht enthüllt werden kann.

Die Beglückung in der Liebe liegt im Erforschen des Bewusstseins. Und wenn ihr wirklich aufeinander bezogen seid, werdet ihr es nicht auf eine »Beziehungskiste« reduzieren wollen. Dann wird der andere für dich zum Spiegel. Dadurch, dass du ihn erforschst, wirst du unverhofft auch dich selbst erforschen. Dadurch, dass du den anderen tiefer erkundest und seine Gefühle, seine Gedanken, seine tieferen Regungen kennen lernst, lernst du auch deine eigenen tieferen Regungen kennen. Liebende werden zum Spiegel füreinander, und dann wird Liebe zur Meditation.

DIE MEDITATIONEN
LIEBE DICH SELBST und
PARTNERMEDITATION FÜR DAS EINSSEIN

Hier sind zwei miteinander verwandte Meditationen, die du zu geeigneter Zeit für dich ausprobieren kannst.

Bei der ersten Meditation geht es um etwas, das für uns alle das Grundlegendste und Relevanteste ist: sich selbst zu lieben. Osho erinnert uns oft daran, dass Liebe damit anfängt, dass wir fähig werden, uns *selbst* zu lieben. Nur wenn wir uns selbst lieben, können wir auch andere lieben. Selbstliebe ist die Basis.

1. Technik: Liebe dich selbst

Am besten findest du einen schönen Platz in der Natur, wo du eine Zeit lang ungestört allein sein kannst, aber du kannst auch deinen Lieblingsplatz daheim (etwa deinen Lieblingssessel) oder einen von dir kreierten speziellen Platz zum

Meditieren dafür nutzen. Auch abends im Bett vor dem Schlafengehen ist eine gute Möglichkeit.

Experimentiere ein wenig:

>*»Setz dich hin, allein, und verliebe dich zum ersten Mal in dein eigenes Selbst. Vergiss die Welt. Sei einfach in Liebe mit dir selbst. Genieße dich, probiere, wie du schmeckst ... Lass dir etwas Zeit dabei, suche ein bisschen. Fühle deine Einzigartigkeit, freue dich darüber, dass du existierst. **Du bist,** in dieser Existenz! Allein diese Tatsache, die bewusste Wahrnehmung von: ›Ich bin!‹ kann dir einen Vorgeschmack der Seligkeit geben. Der Atem passiert, das Herz klopft – fühle die Freude im ganzen Sein.«*

Lass das Aroma davon in alle deine Poren sickern. Erlaube, dass deine Begeisterung dich mitreißt. Fange an zu tanzen, wenn dir nach Tanzen zumute ist. Fange an zu lachen, wenn dir nach Lachen zumute ist, fange an, ein Lied zu trällern, wenn dir nach Trällern zumute ist – und bleibe bei allem selbst das Zentrum ... Spüre, wie die Quellen des Glücks aus deinem Innern hervorsprudeln, nicht von außen.

Lass diese Erfahrung genussvoll und allmählich immer tiefer in dich hineinsinken.

2. Technik: Partnermeditation für das Einssein

Die zweite Meditation ist für Paare oder Freunde gedacht.

Wenn du dich in deiner Beziehung blockiert fühlst oder wenn du eine tiefere Verbindung mit deinem Freund/Partner oder deiner Freundin/Partnerin auf einer Ebene herstellen möchtest, die über Worte und das übliche Geplauder hinausgeht, könnt ihr jederzeit diese 30-minütige Meditation zusammen machen. Die beste Zeit dafür ist abends.

ERSTE PHASE: Setzt euch einander gegenüber, haltet euch mit gekreuzten Armen an den Händen und schaut euch zehn Minuten lang in die Augen. Wenn die Körper anfangen, sich zu bewegen, sich zu wiegen, lasst es zu. Ihr könnt blinzeln, aber schaut euch weiterhin in die Augen. Lasst eure Hände nicht los, egal was passiert.

ZWEITE PHASE: Schließt nun beide die Augen und lasst weiter eure Körper sich hin und her wiegen, zehn Minuten lang.

DRITTE PHASE: Steht auf und wiegt euch zusammen im Stehen, während ihr die Hände haltet, zehn Minuten lang.

Dies wird eure Energien tief miteinander verschmelzen lassen.

Zitat des Tages

Wenn Liebe da ist, haben Liebende manchmal das Gefühl, selbst nicht mehr da zu sein. In der Liebe tritt dieses Gefühl leicht ein, weil Liebe so befriedigend ist. Es ist schwierig, es im Hass zu spüren, weil Hass so unbefriedigend ist. Liebende, in tiefer Liebe zueinander, haben nicht das Gefühl, dass sie »lieben« – denn Liebe ist kein Tun. Vielmehr sind sie Liebe geworden.

– Osho

Notizen

2. TAG MEDITATIONEN FÜR LIEBE UND BEZIEHUNG

TAG 3

Meditationen über die Wut

Das heutige Programm wirft einen Blick auf unsere Emotionen und speziell auf eine Emotion, die wir alle kennen: die Wut.

Gefühle spielen eine maßgebliche Rolle bei dem Bild, das wir von uns selbst haben, und zudem können sie sich auf unsere körperliche Gesundheit negativ auswirken. Häufig fühlen wir uns in einem Zwiespalt zwischen Ausdrücken oder Unterdrücken unserer Gefühle gefangen. Einerseits könnte der Ausdruck von Ärger und Wut andere Menschen schockieren oder verletzen, andererseits riskieren wir, uns selbst zu schaden, wenn wir die Wut hinunterschlucken. In der Regel wählen wir beim Umgang mit der Wut eines von zwei Extremen: Entweder kippen wir unsere Wut über anderen aus – oder wir deckeln die Wut zu, fressen sie in uns hinein und fühlen uns dann schlecht.

Im heutigen Textauszug bietet Osho eine dritte Alternative: eine Möglichkeit, wie wir Herr über unsere Emotionen bleiben können, statt von ihnen überwältigt zu werden. Du erfährst, wie du mit unerwünschten Gefühlsaufwallungen anders umgehen kannst. Du wirst mit einer einfachen Technik vertraut gemacht, die du anwenden kannst, um Emotionen mit Gewahrsein zu begegnen, statt einfach nur darauf zu reagieren und von ihnen überrollt zu werden. Die heutige praktische Übung dient speziell dazu, die »automatisch« ablaufenden Muster der Wut zu transformieren.

OSHOS WORTE

Wenn du dich bemühst, nicht wütend zu werden, bist du gezwungen, deine Wut zu unterdrücken. Versuchst du aber, die Wut zu transzen-

dieren, brauchst du sie nicht zu unterdrücken, im Gegenteil: Du musst die Wut verstehen, sie beobachten lernen. Im Beobachten gehst du über die Wut hinaus; dadurch transzendierst du sie.

Wenn du deine Wut einfach wegsteckst, verdrängst du sie ins Unterbewusstsein; das wird dich mehr und mehr vergiften. Das ist nicht gut, es ist nicht gesund; früher oder später macht es dich neurotisch. Irgendwann wird all die angestaute Wut explodieren, und das wird viel gefährlicher sein, denn du wirst überhaupt keine Kontrolle darüber haben.

Besser ist es, mit seiner Wut jeden Tag in kleinen Dosen fertig zu werden. Diese Dosen sind homöopathisch. Wenn du hier und da wütend wirst, dann sei eben wütend. Das ist weitaus gesünder, als die Wut jahrelang aufzustauen, bis sie eines Tages explodiert. Das wird dann viel zu heftig sein; dir wird überhaupt nicht bewusst sein, was du tust. Du wirst total ausrasten und könntest dir oder einer anderen Person etwas ungeheuer Destruktives antun. Du könntest einen Mord begehen – oder Selbstmord.

Transzendenz meint ein völlig anderes Vorgehen. Die Wut zu transzendieren bedeutet, sie weder zu unterdrücken noch auszudrücken.

Bisher kennst du nur diese beiden Alternativen, mit Wut umzugehen: Ausdrücken oder Unterdrücken. Doch der wahre Weg, damit umzugehen, ist weder das eine noch das andere. Das Ausdrücken ist es nicht, denn wenn du Wut ausdrückst, erzeugst du auch im anderen Wut, und es wird zu einer Kettenreaktion ... Dann drückt der andere seine Wut aus, und das provoziert wiederum dich selbst ... aber wo soll das enden? Und je öfter du deine Wut herauslässt, umso mehr Übung bekommst du darin! Es wird zu einer Angewohnheit, einem automatischen Muster. Dann wird es schwierig, da wieder herauszukommen.

Diese Angst führte zur Unterdrückung: Man vermeidet den Ausdruck, denn er bringt nur Leid über einen selbst und andere – noch dazu völlig sinnlos. Die Wut macht hässlich, schafft hässliche Situationen im Leben, und am Ende bezahlt man immer selbst die Rechnung. Mit der

Zeit wird daraus eine solche Gewohnheit, dass es zur zweiten Natur wird.

Die Angst vor dem Ausdruck führte zur Unterdrückung. Doch wenn du die Wut unterdrückst, sammelst du das Gift an. Irgendwann kommt es dann zwangsläufig zu einer Explosion.

Das Dritte ist die Methode aller Erleuchteten dieser Welt. Sie besteht weder im Ausdrücken noch Unterdrücken, sondern im Beobachten. Wenn Wut hochkommt, setz dich still hin, tauche innerlich in die Wut ein, fühle dich wie eingehüllt in eine Wolke aus Wut, aber bleibe der stille Beobachter. Sieh: Das ist Wut.

Buddha sagte zu seinen Jüngern: »Wenn Wut hochkommt, hört ihr gut zu, vernehmt ihre Botschaft.« Erinnere dich immer wieder daran: »Wut, Wut …« – damit du wach bleibst und nicht einschläfst. Sei dir bewusst, dass du von Wut umgeben bist. Aber das bist nicht du! Du bist nur ihr Beobachter. Darin liegt der Schlüssel.

Durch Beobachtung löst du dich allmählich davon, bis es dir nichts mehr anhaben kann. Du entfernst dich mehr und mehr, wirst so distanziert und unberührt und weit weg, dass nichts davon eine Rolle spielt. Tatsächlich wirst du anfangen, über all die albernen Dinge zu lachen, die du in der Vergangenheit aus Wut getan hast. Das bist nicht du. Die Wut ist etwas von dir Getrenntes, außerhalb von dir. Und sobald du nicht mehr damit identifiziert bist, gibst du keine Energie mehr hinein.

Vergiss nicht, wir selbst speisen unsere Wut mit Energie, nur so wird sie lebendig. Sie hat keine Energie aus sich selbst, ist ganz auf unsere Mitwirkung angewiesen. Durch dein Beobachten kündigst du ihr die Mitwirkung auf; du unterstützt sie nicht mehr. Die Wut wird noch kurz da sein, für ein paar Augenblicke, für Minuten, aber dann ist es vorbei. Wenn sie keine Wurzeln mehr in dir findet, wenn du für sie unerreichbar geworden bist, weit weg wie ein Wächter auf dem Berg, wird sie sich auflösen und verschwinden. Und dieses Verschwinden ist wunderbar; dieses Verschwinden zu erleben ist großartig.

Im Verschwinden der Wut taucht eine heitere Gelassenheit auf – die Ruhe nach dem Sturm. Du wirst staunen: Jedes Mal, wenn Wut in dir hochkommt und es dir gelingt, dessen gewahr zu bleiben, wirst du einen bis dahin nie gekannten Frieden erleben. Du wirst so tief in Meditation fallen … Wenn die Wut verschwindet, wirst du dich selbst so frisch, so jung, so unschuldig erleben wie nie zuvor. Dann wirst du der Wut sogar dankbar und nicht böse sein, denn sie hat dir ein neues, wunderbares Lebensgefühl beschert, hat dir eine völlig neue, erfrischende Erfahrung gebracht: Du konntest die Wut für dich nutzen und zu einem Sprungbrett machen.

So funktioniert die kreative Umwandlung negativer Gefühle.

DIE MEDITATION
Verändere das Muster der Wut

Oft mag es aussehen, als würde die Wut direkt unter der Oberfläche köcheln und geradezu auf eine Gelegenheit für den nächsten Ausbruch warten. Aber selbst wenn du Dampf abläßt und einen Weg findest, die Wut auszudrücken – solange du damit nicht in die Tiefe gehst, ihren Ursprung findest und erkennst, wodurch sie aktiviert wird, kann sich das darunter verborgene Muster nicht ändern. Wenn du nichts anderes tust, als immer nur die Wut rauszulassen, wirst du sie ständig von Neuem anhäufen, und das Muster setzt sich fort.

Die heutige Meditation besteht darin, das Muster zu durchbrechen, das uns immer wieder Wut ansammeln lässt. Dies ist eine Methode, die Osho speziell jemandem gab, für den Wut ein ständiges Problem war. Bei dieser Methode nutzt du deinen Körper als Ratgeber und lässt dich von ihm leiten. Unternimm eine ehrliche Anstrengung und sieh, was es dir bringt. Der einzige Weg, das herauszufinden, besteht im *Tun*.

Du brauchst dafür etwa zwanzig Minuten und einen Ort, an dem du ungestört allein sein kannst. Stelle deinen Wecker oder Timer auf fünfzehn Minuten.

Die Technik

Für fünfzehn Minuten täglich, zu einer beliebigen für dich passenden Zeit, mache die Tür zu deinem Zimmer hinter dir zu und fange an, im Sitzen oder Stehen, wütend zu werden – aber lass die Wut nicht raus, drücke sie nicht aus. Forciere sie, als würdest du gleich ausflippen vor Wut, aber lass sie nicht raus, gib ihr keinen Ausdruck … nicht einmal durch Kissenschlagen. Halte den ganzen Druck innen.

Vielleicht musst du dich zuerst an eine bestimmte Situation erinnern, in der du so richtig in Rage geraten bist. Hol dir dieses Gefühl zurück. Lass dich vom Körper leiten und konzentriere dich auf die wahrgenommenen Körperempfindungen, aber nicht auf die Umstände, die dich wütend gemacht haben. Intellektualisiere es nicht. Bleib einfach in Kontakt mit den körperlichen Empfindungen, die in dir hochkommen, wenn diese Wut da ist. Und lass zu, dass dieses Gefühl in dir immer intensiver wird.

Wenn du spürst, dass die Spannung im Bauch zunimmt, als würde jeden Moment etwas explodieren, dann zieh den Bauch ein, bis er ganz hart wird. Wenn du fühlst, dass die Schultern sich anspannen und deine Hände sich zu Fäusten ballen, als wolltest du jemanden schlagen, dann spanne die Schultern und Hände noch fester an. Wenn du merkst, dass dein Kiefer sich verkrampft, als wolltest du schreien, verstärke die Spannung im Kiefer noch mehr. Lass den ganzen Körper so angespannt wie möglich sein, als würde innerlich ein Vulkan in dir brodeln, ohne sich jedoch zu entladen. Das ist das Wichtigste dabei: keine Entladung, kein Ausdrücken.

Es darf kein Schrei ertönen, sonst würde der Bauch Spannung ablassen. Du darfst auf nichts einschlagen, sonst würden die Schultern ihre Spannung abbauen und sich lösen. Heize dich fünfzehn Minuten lang total an, als wolltest du den Siedepunkt erreichen. In diesen fünfzehn Minuten bringst du die Spannung auf den Höhepunkt. Wenn das Signal ertönt, bemühe dich mit höchster Intensität, die ganze Spannung innen zu behalten.

Sobald der Alarmton verstummt ist, sitzt du still da, schließt die Augen, entspannst den Körper und nimmst einfach nur wahr, was geschieht. Sei mindestens für fünf weitere Minuten, oder wenn es sich richtig anfühlt, auch länger, Zeuge des inneren Geschehens: Entspanne den Körper und nimm einfach nur wahr.

Wenn diese Methode für dich passt, praktiziere diese Sequenz täglich, zwei Wochen lang. Durch das Aufheizen des Körpersystems werden deine Muster zum Schmelzen gebracht.

Wenn du das Gefühl hast, dass Wut für dich nicht das Thema ist, kannst du stattdessen Traurigkeit, Eifersucht oder Angst nehmen, oder irgendeine andere Emotion, deren Muster du verändern möchtest – und die Übung entsprechend abwandeln.

Zitat des Tages

Die Wissenschaft zur Transformation
des Lebens heißt Meditation. Durch
Analyse gelangt die materielle Wissenschaft
zum Atom und zur Atomkraft – durch
Meditation gelangst du zur Seele
und Seelenkraft.

– Osho

Notizen

3. TAG MEDITATIONEN ÜBER DIE WUT

TAG 4

Leben in der Balance

EIN lebendiger Mensch bewegt sich ständig im Wechselspiel der Polarität: Osho hilft uns, die Bedeutung der wechselseitigen Beziehung zwischen den polaren Gegensätzen in ihrer ganzen Tragweite zu verstehen und anzunehmen. Für die Gesamtheit unseres Seins ist es unumgänglich, sämtliche Aspekte unserer Erfahrung – Tage und Nächte, Höhen und Tiefen, Freuden und Sorgen – zu bejahen und vollständig anzunehmen.

Im heutigen Textauszug spricht Osho über die Kunst des Lebens in der Balance. Das Leben mag uns viele Erfahrungen von unangenehmen Extremen bescheren, doch das Festhalten an der Mitte als einem ständigen, statischen Zustand ist möglicherweise keine besonders gute Idee.

In der Meditation, die auf Oshos Worte folgt, lernen wir, das sogenannte »Negative« im Leben zu akzeptieren und uns damit zu entspannen. Paradoxerweise erweisen sich unsere negativen Seiten als eine wertvolle Ergänzung und Bereicherung für das Aroma und die Würze des Lebens.

OSHOS WORTE

Das Leben besteht aus Extremen. Leben passiert im Spannungsfeld zwischen den polaren Gegensätzen. Immer genau in der Mitte zu sein bedeutet, tot zu sein. Die Mitte ist nur eine theoretische Möglichkeit; man kann nur ab und zu in der Mitte sein, höchstens als Übergangsphase. Es ist wie das Gehen auf dem Seil: Ein Seiltänzer kann sich nie länger genau in der Mitte aufhalten. Wenn er es dennoch versucht, wird er herunterfallen.

In der Mitte zu sein ist kein statischer Zustand, sondern ein dynamisches Phänomen.

Balance ist kein Substantiv, sondern ein Verb – Balancieren. Der Seiltänzer bewegt sich unaufhörlich von links nach rechts, von rechts nach links, um das Gleichgewicht zu halten. Wenn er spürt, dass er sich zu sehr nach links gelehnt hat und befürchten muss, abzustürzen, balanciert er dies sofort aus, indem er das Gewicht auf die gegenüberliegende Seite, nach rechts verlagert. Während er sich von links nach rechts bewegt … ja, da wird er für einen Augenblick genau in der Mitte sein. Doch wenn er sich nun zu stark nach rechts lehnt und Gefahr läuft, die Balance zu verlieren und hinunterzufallen, verlagert er sofort sein Gewicht nach links. Während er so von einer Seite zur anderen pendelt, bewegt er sich für einen kurzen Moment wieder durch die Mitte.

Das meine ich, wenn ich sage, Balance sei kein Substantiv, sondern ein Verb – es ist ein Balancieren, ein dynamischer Prozess. Man kann nicht in der Mitte bleiben. Man kann sich nur ständig von links nach rechts und von rechts nach links bewegen. Das ist der einzige Weg, um in der Mitte zu bleiben.

Meide nicht die Extreme, aber wähle auch nie eines davon. Bleib offen für beide Pole – darin besteht die ganze Kunst, das Geheimnis des Balancierens. Ja, manchmal bist du total glücklich, und manchmal bist du total traurig. Beides hat seine eigene Schönheit.

Unser Verstand ist ständig am Wählen, dadurch entsteht überhaupt dieses Problem. Bleibe wahlfrei. Und egal, was geschieht und wo du bist, ob rechts, links, in der Mitte oder nicht in der Mitte – genieße jeden Moment in seiner Ganzheit. Bist du glücklich, dann tanze, singe, mache Musik – sei glücklich! Und wenn die Traurigkeit kommt – was zwangsläufig kommt, kommen wird, kommen muss, was unvermeidlich und nicht zu umgehen ist … Und wenn du versuchst, der Traurigkeit zu entgehen, hast du damit gleichzeitig die Chance auf das Glücklichsein verwirkt. Der Tag kann nicht ohne die Nacht existieren, der Sommer nicht ohne den Winter, das Leben nicht ohne den Tod.

Das Leben beinhaltet beides; es bringt großen Schmerz, aber es bringt auch große Lust. Schmerz und Lust sind die beiden Seiten derselben

Medaille. Wenn du auf das eine verzichtest, musst du auch auf das andere verzichten. Das war seit jeher eines der tiefsten Missverständnisse: zu denken, man könne den Schmerz hinter sich lassen, aber die Lust bewahren, zu glauben, man könne die Hölle vermeiden und den Himmel gewinnen, zu meinen, man könne das Negative umgehen und nur das Positive bekommen. Das ist ein großer Irrtum. Es liegt nicht in der Natur der Dinge. Das Positive und das Negative gehören zusammen, unweigerlich zusammen, untrennbar zusammen. Es sind die beiden Aspekte ein und derselben Energie.

Kannst du der Traurigkeit nicht auch etwas Schönes abgewinnen? Meditiere darüber. Und wenn du das nächste Mal traurig bist, kämpfe nicht dagegen an, verschwende keine Zeit mit Kämpfen. Akzeptiere es, heiße es willkommen; begrüße die Traurigkeit als einen willkommenen Gast. Schau tief in sie hinein, voller Liebe, mit Umsicht. Sei ein wahrer Gastgeber. Du wirst dich wundern; du wirst so überrascht sein, dass es alle deine Vorstellungen sprengt. Die Traurigkeit birgt einige Schönheiten in sich, die das Glück nie haben kann. Die Traurigkeit hat eine Tiefe, doch das Glück ist immer seicht. Traurigkeit gebiert Tränen, doch die Tränen können tiefergehen als jedes Lachen. Und Traurigkeit hat ihre eigene Stille – eine Melodie, die das Glück nie hervorbringt.

Lebe das Leben auf jede erdenkliche Art und Weise. Bevorzuge keine Sache gegenüber einer anderen – und versuche bloß nicht, dich in der Mitte aufzuhalten! Bemühe dich nicht um das Gleichgewicht; Balance lässt sich nicht kultivieren. Die Balance erwächst aus der Erfahrung sämtlicher Dimensionen des Lebens.

DIE MEDITATION
AKZEPTIERE DAS NEGATIVE UND DAS POSITIVE

Wir müssen lernen, mit den negativen Seiten unseres Daseins ebenso zu leben wie mit den positiven – nur so können wir ganz werden. Für gewöhnlich wollen wir nur mit dem positiven Teil leben. Doch beide müssen akzeptiert werden. Das Leben ist so beschaffen; beides gehört zusammen. In dieser Meditation praktizierst du das Verstehen und Annehmen sämtlicher Aspekte, guter wie schlechter – und so kann ohne dein Zutun Harmonie entstehen.

Wenn du diese Meditation zu einer passenden Zeit machst, nimm dir für jeden der drei Schritte fünf Minuten Zeit. Schon jetzt kannst du einen kleinen Vorgeschmack bekommen, für ein paar Augenblicke bei jedem Schritt.

Die Technik

ERSTER SCHRITT: Schließe die Augen und fange an, deinen Körper, deine Gedanken und deine Gefühle von innen zu betrachten. Wo kannst du in diesem Moment etwas Negatives in dir finden? Es ist immer irgendwo vorhanden, also finde etwas »Negatives«, egal, wie geringfügig es auch sei. Und wenn du es gefunden hast, tue nichts, um es loszuwerden. Vielleicht bist du nervös, dann sei eben nervös. Oder dir ist kalt, dann zittere vor Kälte und genieße es. Oder dir ist heiß, dann schwitze und entspanne dich damit. Oder du bist über eine Sache in deinem Leben unglücklich – dann sei eben unglücklich! Mache kein großes Ding daraus, sei einfach unglücklich. Oder du spürst irgendwo im Körper einen Schmerz: Lass ihn da sein, entspanne dich damit. Egal, welche negativen Dinge du finden kannst, entspanne dich jetzt damit.

ZWEITER SCHRITT: Lass nun das Negative wieder los und fange an, weiterhin mit geschlossenen Augen innerlich in deinem Körper, deinem Denken und deinen Gefühlen nachzuschauen: Wo kannst du in diesem Moment das Positive in dir finden? Der Gegenpol ist ebenfalls vorhanden, also finde ihn, egal, wie geringfügig er sei. Und wenn du ihn gefunden hast, tue nichts, um ihn größer zu machen oder festzuhalten. Entspanne dich einfach mit dem Positiven. Vielleicht hast du ein behagliches Gefühl, bequem hier zu sitzen, also genieße es. Oder das Gefühl, diesen Augenblick ganz für dich zu haben: Entspanne dich damit. Wenn die Erinnerung an ein bestimmtes Wohlbefinden auftaucht, oder ein Gefühl der Leichtigkeit sich einstellt, dann genieße es … Mache kein großes Ding daraus. Nimm es genauso an, wie du das Negative angenommen hast.

DRITTER SCHRITT: Jetzt lass auch das Positive los. Sei mit geschlossenen Augen einfach präsent und gib der Harmonie zwischen deinen dunklen und lichten Seiten Raum, den Widersprüchen und polaren Gegensätzen deines Seins. Akzeptiere die Dunkelheit und das Licht, im Verständnis, dass das Leben gerade durch die Widersprüche und Kontraste zu einem harmonischen Ganzen wird. Sei für einige kurze Augenblicke einfach nur präsent.

Nun kannst du die Augen wieder öffnen. Mache dich bereit, den restlichen Tag in Freude zu verbringen, mit dem Verstehen, dass Balance etwas ist, das aus der Erfahrung *aller* Dimensionen des Lebens hervorgeht.

Zitat des Tages

Das Leben braucht beides: Dornen und Rosen, Tage und Nächte, Glück und Unglück, Geburt und Tod. Sei Zeuge von allem – dann wirst du etwas erkennen, das jenseits von Geburt und jenseits von Tod ist; etwas, das jenseits von Dunkelheit und jenseits von Licht ist; etwas, das jenseits von Glück und jenseits von Unglück ist. Buddha nennt es Frieden, *Nirvana*.

– Osho

Notizen

4. TAG LEBEN IN DER BALANCE

TAG 5

*Liebe und Meditation –
Hand in Hand*

Im heutigen Textauszug aus einem seiner OSHO TALKS gibt uns Osho seine intuitive Einsicht in das, was er das »Koan der Beziehungen« nennt. Unsere intimen Beziehungen als Quelle zahlreicher Höhen und Tiefen, Auf- und Abbewegungen, positiver und negativer Seiten in unserem Leben, können sich mitunter als schwer navigierbar erweisen.

Ein bekannter Ausspruch, der gleichermaßen für Männer wie für Frauen gilt, drückt es so aus: »Wir können nicht *mit* ihnen leben, aber auch nicht *ohne* sie.« Osho schlägt vor, dass wir lernen, unsere Partner nicht als *Ursache* für unsere Gefühle zu betrachten – glücklich oder kläglich, frustriert oder zufrieden –, sondern als Spiegel, der *uns zeigt, wer wir sind*. Dieses Verständnis bringt eine völlig neue Qualität in unsere gemeinsame Erforschung des Lebens im Sich-Beziehen mit einem Partner.

Auf den Osho-Text folgt unsere heutige Meditationstechnik, die den Namen »*Das Öffnen der Herzensblüte*« trägt. Du kannst sie ausprobieren, wann immer du Zeit dafür hast.

OSHOS WORTE

Eine Beziehung ist ein Koan. Und solange du nicht die grundlegendere Sache in dir selbst gelöst hast, wirst du auch das Koan der Beziehung nicht lösen können.

Das Problem der Liebe kann erst gelöst werden, wenn das Problem der Meditation gelöst ist, aber nicht früher. Das Problem entsteht im Grunde dadurch, dass zwei nicht-meditative Menschen es erzeugen. Zwei Menschen, die verwirrt sind und die nicht wissen, wer sie sind, multiplizieren natürlich gegenseitig ihre Verwirrung; sie vergrößern sie noch.

Solange Meditation nicht verwirklicht ist, bringt die Liebe Kummer. Erst wenn du gelernt hast, allein zu leben, wenn du gelernt hast, dein Dasein einfach so zu genießen, besteht die Möglichkeit, das zweite, kompliziertere Problem des Zusammenlebens von zwei Menschen zu lösen. Nur zwei Meditierende sind imstande, in Liebe zu leben, und dann wird die Liebe kein unlösbares Koan sein. Sie wird aber auch keine Beziehung in dem Sinne sein, wie ihr sie sonst versteht. Dann ist Liebe ein Zustand ihrer Liebesfähigkeit, aber kein Zustand ihrer Beziehung.

Ich kann dein Problem verstehen. Trotzdem gebe ich den Leuten den Rat, sich diesen Schwierigkeiten zu stellen, denn sie stoßen dich auf das fundamentale Problem: In der Tiefe deines Seins bist du ein Rätsel. Und der andere ist einfach ein Spiegel. Es ist schwierig, deine eigenen Probleme direkt zu erkennen; aber in Beziehung sind sie ganz leicht erkennbar. Damit steht dir ein Spiegel zur Verfügung, der dir dein Gesicht zeigt, und der andere kann sein Gesicht in deinem Spiegel sehen. Beide sind darüber böse, denn beide sehen ein hässliches Gesicht – und natürlich werden sie sich dann gegenseitig anschreien, denn es erscheint ihnen naheliegend und logisch: »Du bist schuld! Es ist dein Spiegel, der mich so hässlich aussehen lässt! Ansonsten bin ich ein wunderbarer Mensch!«

Dies ist das Problem, das Liebende ständig zu lösen versuchen, aber nicht lösen können. Immer wieder sagen sie dem anderen: »Mit mir ist alles in Ordnung, nur du lässt mich so hässlich aussehen.«

Niemand lässt dich hässlich aussehen, du bist hässlich! Tut mir leid, aber so ist es! Sei dem anderen dankbar, danke ihm dafür, dass er dir hilft, dein Gesicht zu sehen.

Sei ihm deswegen nicht böse. Geh tiefer in dich hinein; du musst noch tiefer in Meditation gehen.

Was aber geschieht, ist, dass immer, wenn sich einer von euch verliebt, er das Meditieren komplett vergisst. Wenn ich euch so anschaue und mir auffällt, dass ein paar von euch fehlen, dann weiß ich gleich, was mit ihnen passiert ist: Die Liebe ist ihnen passiert! Dann denken sie nicht, dass sie hier gebraucht werden. Dann kommen sie erst wieder, wenn die Liebe ihnen Probleme macht, die sie unmöglich lösen können. Dann kommen sie und fragen: »Osho, was soll ich machen?«

Wenn du verliebt bist, vergiss die Meditation nicht. Die Liebe löst überhaupt nichts. Die Liebe zeigt dir nur, wer du bist und wo du stehst. Und es ist gut, dass die Liebe dich aufmerksam macht – aufmerksam auf die ganze Verwirrung und das Chaos in dir. Nun ist die Zeit für Meditation. Wenn Liebe und Meditation zusammenkommen, wirst du beide Flügel haben, wirst du das Gleichgewicht halten können.

Es geschieht aber auch andersherum: Wenn jemand anfängt, in der Meditation tiefer zu gehen, fängt er an, die Liebe zu meiden, weil er denkt, wenn er sich auf die Liebe einlässt, wird es seine Meditation stören. Auch das ist falsch. Es wird seine Meditation nicht stören, sondern es wird der Meditation helfen. Warum wird es ihr helfen? Weil die Liebe zeigen wird, wo es immer noch Probleme gibt, und wo genau sie liegen. Nur weil man sich dessen nicht mehr bewusst ist, heißt das nicht, dass man die Probleme gelöst hat. Wenn kein Spiegel da ist, heißt das nicht, dass man kein Gesicht hat.

Liebe und Meditation sollten Hand in Hand gehen. Das ist eine der wichtigsten Botschaften, die ich euch mitteilen will: Liebe und Meditation sollten Hand in Hand gehen. Liebt und meditiert, meditiert und liebt, dann werdet ihr allmählich sehen, wie sich eine neue Harmonie in euch einstellt. Nur diese Harmonie kann dich zufrieden machen.

DIE MEDITATION
DAS ÖFFNEN DER HERZENSBLÜTE

Diese Meditation benutzt den Atem – der ständig von selbst geschieht, obwohl wir uns dessen meistens gar nicht bewusst sind.

Jetzt nimm dir einen Augenblick Zeit, um deine Kleidung zu lockern, vor allem im Bereich der Taille und des Bauches, damit du dort freier atmen kannst.

»Manchmal ist das Herz voll Liebe schon vorhanden«, sagt Osho, »aber eher wie eine Knospe, nicht wie eine Blüte; die Blütenblätter sind noch geschlossen. Diese Knospe kann zu einer Blüte werden.«

Hier soll erwähnt werden, dass es einerseits das organische Herz gibt und andererseits das Herzzentrum – manchmal auch als »Herzchakra« bezeichnet –, das in der Mitte der Brust liegt. Diese Meditation wirkt auf das Herzzentrum. Wenn du möchtest, kannst du es dir in deiner Fantasie als eine beliebige Blüte vorstellen.

Hier ist nun eine kleine, einfache Atemtechnik, die hilft, das Herzzentrum zum Aufblühen zu bringen.

Die Technik

Sitze in entspannter Haltung mit aufrechter Wirbelsäule da.

Halte einen Augenblick inne und werde dir deines Atems bewusst ... nicht, um ihn zu verändern, sondern, um bewusster zu erleben, *wie* er geschieht.

Ist dein Atem tief oder ist er flach? ... Geschieht er von selbst? Oder beobachtest du, dass es dir Mühe macht, einzuatmen ... oder auszuatmen? Was fühlt sich leichter an – das Einatmen oder das Ausatmen?

Wir werden jetzt auf eine besondere Art atmen. Zuerst wird erklärt, wie es geht, und dann kannst du die Augen schließen und es üben.

Atme zuerst aus, bis *alle* Luft aus der Lunge draußen ist; dann zieh kräftig den Bauch ein, um dabei noch die restliche Luft auszustoßen.

Wenn du spürst, dass die ganze Luft draußen ist, pausiere kurz und halte die Lunge so lange wie möglich leer. (Keine Sorge, die Luft strömt ganz von selbst wieder ein, sobald es nötig ist.)

Wenn die Luft von selbst wieder rasch hereinströmt, öffnet sie die Blütenblätter des Herzzentrums. Dies ist eine der wichtigsten Techniken, um das Herz zu öffnen.

Nun mache dich bereit:

Atme tief aus, zieh den Bauch ein und presse die *gesamte* Luft aus deiner Lunge.

Wenn du fühlst, dass alle Luft entwichen ist, halte diesen Zustand so lange, wie du kannst … lass die Luft so lange wie möglich draußen bleiben.

… Und wenn die Luft dann plötzlich wieder einströmt, fühle, wie sie die Blütenblätter deines Herzens öffnet.

Jetzt mache es noch einmal:

Atme tief aus, zieh den Bauch ein und presse die *gesamte* Luft aus deiner Lunge.

Wenn du fühlst, dass alle Luft entwichen ist, halte diesen Zustand so lange, wie du kannst … lass die Luft so lange wie möglich draußen bleiben.

… Und wenn die Luft dann plötzlich wieder einströmt, fühle, wie sie die Blütenblätter deines Herzens öffnet.

Diese einfache Technik kannst du auch immer dann anwenden, wenn du deine Stimmung verändern willst. Vielleicht fühlst du gerade Eifersucht in dir, oder du hattest Ärger bei der Arbeit, oder du regst dich über etwas auf, was jemand zu dir gesagt hat. Nimm dir einfach ein paar Momente Zeit und presse die ganze Luft aus der Lunge … und mit ihr das ganze negative Gefühl. Wirf es raus. Wenn die Luft rasch wieder einströmt, lass zu, dass die Blütenblätter deines Herzens sich öffnen.

Zitat des Tages

Meditation ist der Anfang, das Samenkorn;
Ekstase ist die Blüte. Und mit Meditation
meine ich, dass du nicht durch die Brille
des Verstandes schaust – denn der Verstand
schneidet dich von der Welt ab –, sondern
du schaust mit dem Herzen. Das Herz
ist es, das dich mit der Welt verbindet.
Das Herz ist es, das den Mut hat,
zu schmelzen und sich mit dem Ganzen
zu verbinden. Der Verstand ist feige;
das Herz ist wahrhaft mutig.

– Osho

Notizen

5. TAG LIEBE UND MEDITATION – HAND IN HAND

TAG 6

Lebe gefährlich

Fast jeder von uns hat eine »Komfortzone«, in der wir uns sicher und geborgen fühlen – als hätten wir alles ziemlich unter Kontrolle. Doch manchmal kann diese Komfortzone auch zu einem Gefängnis werden – zu einem Ort, an dem sich nie etwas zu ändern scheint und an dem uns die immer gleiche Routine uns Tag für Tag im Hamsterrad gefangen hält. Wenn das eintritt, ist es kein Wunder, dass wir uns wie in einer Sackgasse fühlen.

Das heutige Programm lädt uns ein, aus der Komfortzone des Bekannten, Vertrauten, Abgesicherten herauszutreten. Im heutigen Textausschnitt antwortet Osho auf die Frage: »Was bedeutet es, gefährlich zu leben?« Und seine Antwort könnte dich überraschen.

Die anschließende Meditation ist eine Übung, unsere »Rüstung« abzulegen – den Schutzschild, den wir um uns herum aufbauen, wenn es uns Angst macht, unsere Komfortzone zu verlassen. In der sicheren Umgebung unseres Zuhauses können wir ein Experiment versuchen: Wir können üben, diesen Schutzschild abzulegen, um Raum zu schaffen, anderen Menschen und dem Unbekannten in einer neuen, intimeren, weniger förmlichen Art und Weise zu begegnen.

OSHOS WORTE
»Was bedeutet es, gefährlich zu leben?«

Gefährlich zu leben bedeutet zu leben. Wenn du nicht gefährlich lebst, lebst du nicht. Das Leben erblüht nur in der Gefahr. Das Leben erblüht nie in der Sicherheit; es erblüht nur in der Unsicherheit.

Wenn du anfängst, dich abzusichern, wirst du zu einem stagnierenden Tümpel. Dann ist deine Energie nicht mehr im Fluss. Du wirst ängstlich, denn man weiß ja nie, wie man mit dem Unbekannten umgehen soll. Und überhaupt, warum solltest du ein Risiko auf dich nehmen? Das Bekannte ist einfach sicherer. Doch dann wird das Vertraute für dich zur Bedrängnis. Es wird dich immer mehr langweilen, du wirst es bald völlig satthaben und dich unglücklich fühlen. Dennoch erscheint es dir vertraut und bequem. Zumindest weißt du, woran du bist. Das Unbekannte lässt dich schaudern. Schon der bloße Gedanke an das Unbekannte bringt den Boden unter deinen Füßen ins Schwanken.

Es gibt nur zwei Arten von Menschen auf dieser Welt: diejenigen, die sich ein bequemes Leben machen wollen – sie tendieren zum Tod, sie wollen ein komfortables Grab. Und diejenigen, die leben wollen – sie ziehen es vor, gefährlich zu leben, weil das Leben nur dort gedeiht, wo es Risiken gibt.

Warst du je zum Klettern in den Bergen? Je höher du steigst, desto frischer, desto jünger fühlst du dich. Je größer die Gefahr des Abstürzens, je tiefer die Abgründe neben dir, desto lebendiger wirst du ... Zwischen Leben und Tod, an einem Faden hängend zwischen Leben und Tod, fühlt man sich am lebendigsten. Da gibt es keine Langeweile, keinen Staub der Vergangenheit, keine Sehnsucht nach der Zukunft. Der gegenwärtige Augenblick ist von einer unglaublichen Präsenz und Schärfe, wie eine Flamme so klar. Er genügt sich selbst. Du lebst im Hier und Jetzt.

Oder beim Surfen ... beim Skifahren ... beim Paragliding. Überall dort, wo Menschen ihr Leben aufs Spiel setzen, herrscht eine ungeheure Freude. Das Risiko, dein Leben zu verlieren, macht dich immens lebendig! Darum fühlen sich so viele Menschen zu gefährlichen Sportarten hingezogen.

Je höher du kletterst, je weiter du dich von deinem etablierten, routinemäßigen Leben entfernst, desto mehr kommst du wieder zurück zum wilden, ungezähmten Leben, wie es in der Tierwelt herrscht. Und desto mehr verblassen in jedem Moment all deine Sicherheiten, dein Bankkonto, die Ehefrau, der Ehemann, die Familie, die Gesellschaft, die

Kirche, dein ganzes Ansehen ... Alles das rückt immer weiter und weiter von dir weg, verschwindet allmählich in blasser Ferne. Dann bist du allein.

Daher das große Interesse der Menschen für den Sport. Er stellt aber keine wirkliche Gefahr dar, weil man darin äußerst geschickt werden kann. Die Risiken sind dann in erster Linie körperliche Risiken, nur der Körper ist in Gefahr. Wenn ich sage, dass ihr gefährlich leben sollt, meine ich nicht nur das körperliche Risiko, sondern auch das psychologische Risiko – und letztlich das spirituelle Risiko.

Wenn ich sage: »Lebe gefährlich!«, dann meine ich, dass du kein Leben gewöhnlicher Ehrbarkeit leben sollst – als Bürgermeister einer Gemeinde, als Mitglied der Stadtverwaltung. Das ist kein Leben. Sieh es einfach, wie es ist: Wenn alles immer in wohlgeordneten Bahnen verläuft, wirst du langsam absterben, ohne dass sich etwas ereignet. Beobachte, wie man sein ganzes Leben für gewöhnliche, profane Dinge verpassen kann.

Spirituell zu sein bedeutet, dass man versteht, diesen kleinen Dingen nicht allzu viel Bedeutung beizumessen. Ich sage nicht, dass sie bedeutungslos seien. Geld ist notwendig, es ist ein Grundbedürfnis, aber Geld ist nicht der Lebenszweck und kann nicht das Ziel sein. Eine Wohnung ist notwendig, keine Frage. Ein Obdach zu haben ist ein Grundbedürfnis. Ich bin kein Asket und würde nicht wollen, dass ihr eure Behausungen aufgebt und euch in den Himalaja verdrückt.

Es kommen Menschen zu mir, die sagen, dass sie sich langweilen. Sie sind frustriert, fühlen sich in einer Sackgasse. Was sollen sie tun? Manche glauben, man könne einfach dadurch, dass man ein Mantra rezitiert, wieder lebendig werden. Aber so einfach geht das nicht. Man wird sein ganzes Lebensmuster ändern müssen.

Liebt, aber lasst eure Liebe nicht zu einer Ehe degenerieren. Arbeitet, denn Arbeit ist notwendig, aber macht die Arbeit nicht zu eurem einzigen Lebensinhalt. Das Spiel sollte euer Leben bestimmen, euer Lebensmittelpunkt sein. Arbeit sollte als Möglichkeit zum Spielen dienen.

Egal, ob du in einem Büro, einer Fabrik, einem Geschäft arbeitest: Nutze die Zeit und die Gelegenheit, um es als Spiel zu betreiben. Lass nicht zu, dass dein Leben zu bloßer Arbeitsroutine reduziert wird. Das Ziel des Lebens besteht darin, mit allem zu spielen. Leben als Spiel bedeutet, die Dinge um ihrer selbst willen zu tun, einfach nur aus Spaß.

Gefährlich zu leben bedeutet, sein Leben so zu leben, als würde man jeden Augenblick als Selbstzweck leben. Jeder Augenblick hat seinen ihm innewohnenden, eigenen Wert. Dann wirst du keine Angst haben. Du bist dir bewusst, dass der Tod existiert, und du akzeptierst die Tatsache, dass der Tod existiert, und versteckst dich nicht vor ihm. Im Gegenteil, du gehst ihm entgegen, stellst dich dem Tod. Dann genießt du die Augenblicke, in denen du dem Tod begegnest – körperlich, psychisch, spirituell. Jene Augenblicke freudig zu erleben, in denen du mit dem Tod unmittelbar in Kontakt kommst, in denen der Tod beinahe zu einer Realität wird – das meine ich, wenn ich sage: Lebe gefährlich.

Die Liebe bringt dich von Angesicht zu Angesicht mit dem Tod. Meditation konfrontiert dich unmittelbar mit dem Tod.

Aber eines solltest du dir merken: Vergiss nie die Kunst, ein Risiko einzugehen, niemals. Niemals. Bewahre dir immer die Fähigkeit, etwas zu riskieren. Verpasse keine Gelegenheit, etwas zu riskieren. Versäume nie ein Risiko, dann wirst du nie ein Verlierer sein. Das Risiko ist die einzige Garantie, um wirklich lebendig zu sein.

DIE MEDITATION
LASS DIE RÜSTUNG SCHMELZEN

Bei der heutigen Meditation geht es um das Auflösen einer Schutzschicht, einer Art unsichtbarer Rüstung, mit der wir gelernt haben, der Welt zu begegnen: das Auflösen unserer Komfortzone.

Eine Möglichkeit, wie wir uns vor Situationen oder Menschen schützen, die uns bedrohlich erscheinen, besteht darin, uns mit einer Schale zu umgeben, einem »Schutzschild«, der uns hilft, uns weniger verletzlich zu fühlen, aber einen gewissen Schutz und Sicherheit verleiht. Wir können das leicht bei anderen wahrnehmen und haben dafür sogar eine gängige Beschreibung. Wenn eine Person, die normalerweise schüchtern und ängstlich ist, anfängt, ihren Mund aufzutun, sagen wir: »Sie kommt aus ihrem Schneckenhaus.«

Gelegentlich ist diese Schale recht nützlich, ja sogar notwendig. Das Problem ist aber, dass sie oft zu einem gewohnheitsmäßigen Verhaltensmuster wird, fast zur »zweiten Haut«, die uns davon abhält, total lebendig, spontan und spielerisch zu sein, voll Vertrauen in uns selbst und unseren Wert. Dieses Muster begleitet uns aber schon so lange, dass wir keine Ahnung haben, wie wir es ablegen können. Dabei sollten wir eigentlich imstande sein, es ebenso leicht wieder abzulegen, wie wir es uns zugelegt haben.

Eine Frau kam mit diesem Problem zu Osho, und hier ist, was er zu ihr sagte:

»Du trägst eine Rüstung um dich herum. Es ist aber nur eine Rüstung. Sie klebt nicht an dir – *du* klebst an *ihr*. Sobald du dir dessen bewusstwirst, kannst du sie einfach fallenlassen. Diese Rüstung ist tot; wenn du sie nicht mehr trägst, wird sie verschwinden.«

Weiter schlägt er vor, wie man sich dieser Rüstung bewusstwerden kann: Es gibt eine Meditationstechnik, mit deren Hilfe man aufmerksam wird, wo sich die Rüstung im Körper ausdrückt.

Die Technik

Diese Meditation besteht aus den folgenden drei Teilen:
ERSTE PHASE: Im Gehen oder Sitzen atme tief aus. Die Betonung liegt auf dem Ausatmen, nicht auf dem Einatmen. Atme also tief aus – lass so viel Luft entweichen, wie du nur kannst. Presse beim Ausatmen die Luft durch den Mund aus, aber mache es ganz langsam. Je länger es dauert, umso besser, weil es dann tiefer geht. Wenn die ganze Luft aus dem Körper ausgestoßen wurde, atmet der Körper von selbst wieder ein; nicht *du* atmest ein. Die Ausatmung sollte langsam und tief sein, die Einatmung erfolgt dann plötzlich.

Dadurch wird sich die harte Rüstung in der Brustgegend verändern.

ZWEITE PHASE: Fang an, in schnellem Tempo ein wenig zu laufen, zu joggen oder zu gehen. Und während deine Beine in Bewegung sind, stelle dir vor, dass eine Last von deinen Beinen verschwindet, als würde sie von ihnen abfallen. Wenn unsere Freiheit zu sehr eingeschränkt wurde, sind es gerade die Beine, die eine Rüstung tragen. Beginne also zu laufen, zu joggen, zu gehen oder einfach frei zu tanzen, und während die Beine sich bewegen, fühle, wie die Rüstung um sie herum abfällt. Und wie schon im ersten Schritt, lege mehr Aufmerksamkeit auf das Ausatmen der Luft.

Sobald du deine Beine und ihre Beweglichkeit wiedergewinnst, wirst du einen ungeheuren Energiefluss verspüren.

DRITTE PHASE: Abends beim Ausziehen vor dem Schlafengehen stelle dir vor, dass du nicht nur deine Kleider ablegst, sondern auch deine Rüstung. Mache es tatsächlich. Lege alle Kleider ab und lass ein tiefes Ausatmen passieren, während du zulässt, dass die Rüstung dahinschmilzt.

Zitat des Tages

Wenn das Samenkorn zu keimen beginnt, macht es sich auf den Weg ins Unbekannte. Wenn der Spross dann anfängt, Blüten zu bilden, ist es wieder ein Schritt ins Unbekannte. Und wenn der Duft den Blüten entströmt, ist auch das ein Quantensprung ins Unbekannte.
Bei jedem Schritt verlangt das Leben Mut.

– Osho

Notizen

6. TAG LEBE GEFÄHRLICH

TAG 7

Beobachte den Verstand

Allen Meditationsmethoden ist im Kern eines gemeinsam: das Wahrnehmen, Beobachten, Zeugesein – es sind Übungen in Achtsamkeit. Was uns hindert, zu unserem ursprünglichen, naturgegebenen Bewusstseinszustand zurückzufinden – weshalb wir »Methoden« brauchen –, ist unser vollständiges, automatisches Eingetauchtsein in den unaufhörlichen Strom von Gedanken und Gefühlen, den wir hier »Verstand« nennen wollen (und der im Englischen unter dem Begriff *Mind* zusammengefasst wird).

(Da die deutsche Sprache keinen ähnlich umfassenden Begriff für die verschiedenen mentalen, psychischen und seelisch-geistigen Vorgänge besitzt, wird *»MIND«* – je nach Zusammenhang – mit so facettenreichen Begriffen wie »Verstand, Denken, Denkprozess, Denkapparat, Geist, Bewusstsein, Kopf, Denkweise, Denkungsart, Gedächtnis, Einstellung, Absicht, Meinung, Sinn, Ansicht, Fantasie, Gesinnung, Gemüt, Psyche« etc. übersetzt – Anm. d. Übers.).

Der »Aus-Schalter« für unseren Denkapparat scheint uns abhandengekommen zu sein, und so erweisen sich unsere Gedanken, Sorgen und Anliegen oft als erbarmungslose Mitläufer, die wir offensichtlich nicht loswerden können. Selbst wenn unser Körper noch so müde ist, können uns die Gedanken schlaflose Nächte bereiten.

Interessanterweise rechnet Osho die Gefühle und Emotionen, neben den Gedanken, ebenfalls dem »*Mind*« zu.

Wahrscheinlich hat jeder von uns schon erlebt, wie diese »Denk- und Fühlmaschine« uns fast in den Wahnsinn treiben kann. Und vermutlich hatte jeder schon mal den Gedanken, wie toll es doch wäre, wenn wir wüssten, wie man diese »Maschine« willentlich abschalten kann, um ein wenig Frieden und Ruhe zu haben, wenn das Denken gerade nicht gebraucht wird.

Osho hat viel über den *Mind* geredet, und viele Fragen wurden in diesem Zusammenhang von Leuten aus seinem Umfeld an ihn gestellt. In der nachfolgenden Osho-Textpassage antwortet er auf eine Frage, ob der *Mind* nicht einfach »Selbstmord begehen« könne. Offenbar hofft der oder die Fragende, es müsse irgendeine Abkürzung geben, um den Verstand zum Schweigen zu bringen. Osho antwortet darauf mit einer wunderbaren Erläuterung der Beziehung zwischen *Mind* und Meditation.

Im anschließenden Praxisteil der Osho-Meditationen empfiehlt uns die erste Methode, unsere Denkprozesse bereitwillig anzunehmen und anzufangen, unser Kopfkino unterhaltsam zu finden, statt es zu bekämpfen. Die zweite Technik ist eine wirksame STOPP-Methode, die unmittelbar eine Distanz zwischen uns und unserem Denken herstellt.

OSHOS WORTE
»Kann der Mind Selbstmord begehen?«

Der Mind kann nicht Selbstmord begehen, denn was immer er unternimmt, wird den Mind nur stärken. Jegliches Eingreifen vonseiten des Verstandes macht ihn stärker. Sein Selbstmord ist demnach ausgeschlossen.

Sobald der Verstand hier etwas unternimmt, sorgt er für sein Fortbestehen – das ergibt also keinen Sinn. Dennoch ereignet sich ein Selbstmord. Der Verstand kann ihn nicht begehen, oder? Lass es mich absolut klarstellen: Der Verstand kann seinen Tod nicht selbst herbeiführen, aber dennoch kann es passieren. Es geschieht durch das Beobachten des Verstandes, aber nicht, indem man etwas gegen ihn unternimmt.

Derjenige, der den Verstand beobachtet, ist von ihm getrennt. Der Beobachtende sitzt tiefer als der Verstand, höher als der Verstand. Der Beobachter ist immer hinter dem Verstand verborgen. Ein Gedanke zieht vorüber, ein Gefühl taucht auf – wer beobachtet diesen Gedanken? Nicht der Verstand selbst, denn Mind ist nichts anderes als der Prozess des Denkens und Fühlens, das Kommen und Gehen der Gedanken. Wer beobachtet also? Wenn du sagst: »Ein wütender Gedanke steigt in mir auf« – wer spricht da? Wem ist dieser Gedanke aufgestiegen? Wer ist der Behälter? Der Gedanke ist der Inhalt – doch worin ist er enthalten?

Der Mind ist wie ein gedrucktes Buch: Auf weißem, sauberem Papier erscheinen Worte. Das leere Papier ist das Behältnis, die gedruckten Worte sind der Inhalt. Das Bewusstsein ist wie das leere Papier, der Mind wie beschriebenes, bedrucktes Papier.

Alles, was als Objekt in dir existiert, alles, was du sehen und beobachten kannst, gehört zum Mind. Der Beobachtende ist nicht der Mind; das, was beobachtet wird, ist der Mind. Wenn du also deinen Verstand einfach weiter beobachten kannst, ohne ihn zu beurteilen, ohne mit ihm irgendwie in Konflikt zu geraten, aber auch ohne mit ihm zu schwelgen, ohne dich ihm anzuschließen oder dich gegen ihn zu stellen ... Wenn du einfach unbeteiligt und unberührt bleiben kannst, ereignet sich der Selbstmord – durch dein Unidentifiziertsein. Es ist also nicht so, dass der Mind Selbstmord begeht. Sobald der Beobachter auftritt, ist der innere Zeuge präsent – und der Mind verschwindet einfach.

Der Verstand kann nur durch deine Kooperation oder durch deinen Widerstand existieren. Beides sind Arten der Mitwirkung, auch der Konflikt! Sobald du mit dem Mind kämpfst, gibst du ihm Energie. Gerade durch deinen Kampf hast du den Mind akzeptiert; gerade durch dein Kämpfen hast du die Macht akzeptiert, die der Verstand über dein Sein hat. Egal, ob du kooperierst oder dich wehrst – in beiden Fällen wird der Mind stärker und stärker.

Beobachte einfach. Sei einfach ein Zeuge. Und dann wirst du irgendwann erleben, wie Lücken auftauchen. Ein Gedanke zieht vorüber, und der nächste kommt nicht unmittelbar danach – da ist eine Pause. In dieser Pause ist Frieden. In dieser Pause ist Liebe. In dieser Pause ist alles, was du je gesucht und nie gefunden hast. In dieser Lücke bist du kein Ego mehr. In dieser Lücke bist du nicht festgelegt, nicht begrenzt, nicht eingesperrt. In dieser Lücke bist du riesengroß, unermesslich, unendlich weit. In dieser Lücke bist du eins mit der Existenz – es gibt keine Barriere mehr. Du bist nicht mehr abgegrenzt. Du verschmilzt auf diese Weise mit der Existenz, und die Existenz verschmilzt mit dir. Ihr beginnt euch zu überschneiden.

Wenn du weiterhin beobachtest und die Lücken nicht festhalten willst ... denn es wäre ganz natürlich, sich nach den Lücken zu sehnen. Wenn du anfängst, süchtig nach den Lücken zu werden ... denn sie sind so unbeschreiblich schön, so tief beseligend. Es wäre nur natürlich, an diesen Lücken festhalten und immer mehr davon erleben zu wollen – dann wirst du es verfehlen, dann hat sich der Beobachter verabschiedet. Die Lücken verschwinden wieder und der Gedankenverkehr kommt zurück.

Das Erste ist also, ein unbeteiligter Beobachter zu werden. Und das Zweite, daran zu denken, nicht an den schönen Lücken festhalten zu wollen, wenn sie auftauchen, und sie weder herbeizusehnen noch darauf zu warten, dass sie wiederkommen. Wenn es dir gelingt, diese beiden Punkte zu beachten – wenn die schönen Lücken kommen, auch sie nur zu beobachten und dabei unberührt zu bleiben –, dann wird eines Tages der ganze Verkehr mitsamt der Straße verschwinden. Beides verschwindet, und zurück bleibt eine immense Leere.

Buddha hat es Nirvana genannt – der Mind hat aufgehört. Das meine ich, wenn ich von »Selbstmord« rede. Aber nicht der Verstand hat ihn begangen; der Verstand kann ihn nicht begehen. Doch du kannst mithelfen, dass es geschieht. Du kannst es behindern, aber du kannst auch helfen, dass es geschieht – es hängt von dir ab, nicht von deinem Mind. Alles, was der Verstand unternimmt, wird immer nur den Verstand stärken.

Meditation hat also nichts mit einer Bemühung des Verstandes zu tun. Wahre Meditation ist überhaupt keine Mühe. Wahre Meditation bedeutet lediglich, den Mind völlig in Ruhe zu lassen und sich überhaupt nicht einzumischen – einfach nur aufmerksam zu beobachten, Zeuge zu bleiben. Nach und nach wird der Verstand zur Ruhe kommen, er wird still. Eines Tages ist er nicht mehr da. Dann bist du allein.

Dieses Alleinsein ist deine Wirklichkeit. Und in diesem Alleinsein bleibt nichts ausgeschlossen, wohlgemerkt. In diesem Alleinsein ist alles eingeschlossen.

DIE MEDITATIONEN
GENIESSE DEN VERSTAND – und STOPP!

Die erste Meditationstechnik stammt aus einer Empfehlung, die Osho einem Mann gab, der mit folgender Klage zu ihm kam:

»Ich habe die Nase voll von meinem denkenden Verstand! Ich fühle, dass ich nie richtig da bin und überhaupt nichts mitkriege. Ich habe

schon alles probiert. Ich versuche zu meditieren, ich bemühe mich, bewusst zu sein, aber meistens spüre ich gar nichts.«

In seiner Antwort weist Osho den Fragenden darauf hin, dass er in gewisser Weise gegen seine eigene Natur vorgehe; er sei eher ein »Kopfmensch« als ein »Herzmensch«, und wenn er versuche, anders zu sein, würde er sich nur unglücklich machen. Dann schlägt Osho eine Alternative vor:

1. Technik: Genieße den Verstand

Versuche nicht, dein Denken zu stoppen. Es ist ein ganz natürlicher Teil von dir. Du würdest verrückt werden, wenn du versuchst, es anzuhalten. Es wäre geradeso, als würde ein Baum versuchen, das Wachsen seiner Blätter zu stoppen. Der Baum würde durchdrehen.

Deine Gedanken frei fließen zu lassen, reicht aber noch nicht aus. Als zweiten Schritt solltest du anfangen, dein Denken zu genießen und damit zu spielen! Wenn du damit spielst, es willkommen heißt und sogar Spaß damit hast, wirst du von selbst anfangen, bewusster damit umzugehen. Du wirst achtsamer werden mit deinen Gedanken, ohne dich anzustrengen, eher indirekt. Sobald du dich aktiv darum bemühst, bewusster zu werden, wird der Verstand Ablenkungen finden, und das macht dich dann wütend … Und schon bist du wieder im Konflikt mit ihm, und die Reibung macht ihn stärker.

Die Methode besteht also darin, Freude am Denkprozess zu entwickeln. Nimm einfach die vielen Nuancen deiner Gedanken wahr, welche Wendungen sie nehmen, wie sie von einem Ding zum anderen hüpfen und sich ineinander verhaken. Es ist wirklich ein Spektakel, sich das anzuschauen! Schon ein winziger Gedanke kann dich auf eine längere Reise mitnehmen. Irgendwo beginnt ein Hund zu bellen, und dein Gedankenprozess wird aktiviert. Dabei vergisst du den Hund; er hat dich an einen Freund erinnert, der einen schönen Hund hatte. Schon bist du ganz woanders! Du vergisst deinen Freund und erinnerst dich an seine Frau, die sehr schön war, und von da denkst du weiter, an andere Frauen … Wo du schließlich landen wirst, weiß keiner. Und alles begann damit, dass ein Hund bellte!

Genieße es. Nimm es als Spiel; und wenn du bewusst mitspielst, kannst du eine Überraschung erleben … Während du den Film in deinem Kopf genießt, kommt gelegentlich eine schöne Pause. Plötzlich bemerkst du vielleicht, dass ein Hund bellt, ohne dass etwas in deinem Kopf auftaucht – keine Kette von Gedanken beginnt. Der Hund bellt weiter und du hörst ihn, aber kein Gedanke regt sich. So werden kleine Lücken entstehen … sie kommen von allein, und wenn sie kommen, sind sie wunderbar. In diesen kleinen Lücken fängst du an, den Beobachter zu beobachten – und es wird sich ganz natürlich anfühlen. Dann werden die Gedanken wieder einsetzen, und du wirst es genießen. Mache weiter, mit dieser Leichtigkeit. Nimm es leicht.

Jetzt die andere Technik:

2. Technik: STOPP!

Jetzt gleich, für einen Moment: Wenn du nicht schon stehst, dann stehe auf … und: STOPP!

Halte komplett inne, ohne Bewegung – sei einfach präsent mit dem, was gerade geschieht. Nimm die Töne oder visuellen Eindrücke um dich herum wahr, und was an Gefühlen in dir hochkommt. Nur ein paar Sekunden genügen. Nicht nötig, dich zum Stillstehen zu zwingen – verweile gerade so lange, bis du im gegenwärtigen Moment angekommen bist.

Sehr gut ... Nun hast du eine Kostprobe von Oshos STOPP-Übung bekommen. Und hier ist nun deine Hausaufgabe für heute: Wir schlagen vor, dass du diese STOPP!-Übung noch mindestens fünf Mal machst, bevor du morgen mit dem Kurs weitermachst.

Plane es nicht, und setze auch keine Zeit dafür fest. Einfach in dem Moment, in dem es dir wieder einfällt – beim Geschirrspülen, beim Gehen auf der Straße, beim Schuhanziehen – bei irgendeiner kleinen Alltagshandlung: STOPP!

Plus: Sooft du dich daran erinnerst: Genieße es, dem *Mind* zuzuschauen.

Zitat des Tages

Der einzige Unterschied zwischen Traum
und Wirklichkeit besteht darin, dass
das Wirkliche dir zu zweifeln erlaubt,
der Traum jedoch keinen Zweifel zulässt …
In meinen Augen ist die Fähigkeit zu
zweifeln eine der größten Segnungen für
die Menschheit.

– Osho

Notizen

TAG 7 Beobachte den Verstand

TAG 8

*Man braucht Intelligenz,
um glücklich zu sein*

Wenn wir anfangen, uns für Meditation zu interessieren, dann häufig deshalb, weil wir Frieden finden wollen, oder jenen flüchtigen Zustand von Wohlbefinden, den wir »Glück« nennen – eine Qualität, die offenbar immer zurücksteht hinter dem Stress, den Sorgen, der Hast oder einfach nur dem »täglichen Hamsterrad«. Tief im Innern wünscht sich jeder Mensch, glücklich zu sein, und glücklicherweise hält die uns angeborene Intelligenz ständig danach Ausschau, wohl ahnend, dass es unser Geburtsrecht ist, glücklich zu sein.

Jemand stellte Osho die Frage, warum es so schwierig sei, glücklich zu sein. In seiner Antwort spricht Osho über »Glücklichsein« und »Unglücklichsein« – und stellt dabei die allgemein akzeptierte Weisheit über diese scheinbar polaren Gegensätze komplett auf den Kopf. Wie so häufig nähert sich Osho auch dieser Frage aus einem völlig unerwarteten Blickwinkel.

Die Meditation, die auf seine Erörterungen folgt, ist eine einfache Technik, um deine angeborene, natürliche Qualität des Glücklichseins in deinem täglichen Leben nachhaltig zu unterstützen.

OSHOS WORTE
»Warum ist es so schwierig, glücklich zu sein?«

Unglücklichsein hat dir vieles zu geben, was das Glücklichsein dir nicht geben kann. Vielmehr nimmt dir das Glücklichsein sogar vieles weg. Im Grunde nimmt dir das Glücklichsein alles, was dir je gehörte, und alles, was du je warst. Im Glücklichsein löst du dich auf. Unglücklichsein ist Futter für das Ego, Glücklichsein im Wesentlichen ein

Zustand von Egolosigkeit. Das ist das Problem, der Kern des Problems. Darum finden es die Menschen so schwierig, glücklich zu sein.

Wer das verstanden hat, für den werden die Dinge glasklar. Unglücklich zu sein macht dich zu etwas Besonderem. Glücklich zu sein ist ein universelles Phänomen, daran ist nichts Besonderes. Bäume sind glücklich, Tiere sind glücklich, Vögel sind glücklich. Die ganze Existenz ist glücklich, nur nicht der Mensch. Durch sein Unglücklichsein erlangt der Mensch eine Sonderstellung; er fühlt sich außergewöhnlich.

Wenn du krank bist, deprimiert und leidend, kommen deine Freunde dich besuchen, um dich zu bedauern und zu trösten. Wenn du glücklich bist, werden dieselben Freunde neidisch auf dich sein. Wenn du überglücklich bist, scheint sich die ganze Welt gegen dich zu wenden. Keiner mag einen Menschen, der glücklich ist, denn von einem glücklichen Menschen fühlen sich die Egos der anderen verletzt. Sie bekommen das Gefühl: »So, du bist jetzt also glücklich geworden, während wir immer noch im Dunkeln, im Leid, in der Hölle herumkrebsen. Wie kannst du es wagen, so glücklich zu sein, wo wir alle in solchem Unglück leben!«

Schau mal tiefer in dein Unglücklichsein, dann wirst du ein paar grundsätzliche Dinge entdecken, die damit verbunden sind. Erstens verleiht es dir Respekt. Die Leute sind freundlicher zu dir, mitfühlender. Du hast mehr Freunde, wenn du unglücklich bist. Wir leben in einer sonderbaren Welt; die Dinge stehen völlig auf dem Kopf. Eigentlich sollte es andersherum sein: Der Glückliche sollte mehr Freunde haben. Doch wenn du glücklich wirst, werden dich die anderen beneiden; sie sind nicht mehr so freundlich. Sie fühlen sich um etwas betrogen, was ihnen nicht zur Verfügung steht, das du aber hast. Wieso bist du so glücklich? So haben wir uns im Laufe der Geschichte einen subtilen Mechanismus angewöhnt: das Glücklichsein zu unterdrücken und das Unglücklichsein auszudrücken.

Du musst lernen, glücklich zu sein, musst lernen, glückliche Menschen wertzuschätzen, musst lernen, glücklichen Menschen mehr Beachtung zu schenken, denke daran. Damit erweist du der Menschheit einen größeren Dienst. Sei nicht zu verständnisvoll mit Leuten, die unglücklich sind. Wenn

TAG 8 Man braucht Intelligenz, um glücklich zu sein

jemand unglücklich ist, hilf ihm, aber zeige ihm kein Mitleid. Bringe ihn nicht auf die Idee, dass es sich lohne, unglücklich zu sein.

Wir müssen eine völlig neue Sprache lernen, erst dann wird sich diese alte, verkorkste Menschheit wandeln. Wir müssen die Sprache von Gesundheit, Ganzheit, Glücklichsein lernen. Das wird schwierig sein, denn wir haben in das Alte viel investiert.

Darum ist es so schwierig, glücklich zu sein, und so leicht, unglücklich zu sein. Noch etwas: Zum Unglücklichsein braucht man keine Talente; jeder kann das. Zum Glücklichsein braucht man Begabungen, Genialität, Kreativität. Nur kreative Menschen sind glücklich.

Lass dies tief in dein Herz einsinken: Nur kreative Menschen sind glücklich. Glücklichsein ist ein Nebenprodukt der Kreativität. Erschaffe etwas, und du wirst glücklich sein. Schreibe ein Gedicht, singe ein Lied, tanze einen Tanz – und sieh: Du fängst an, ein glücklicher Mensch zu werden.

Man braucht Intelligenz, um glücklich zu sein. Ein intelligenter Mensch ist rebellisch. Intelligenz ist eine Rebellion; ohne Intelligenz gibt es kein Glücklichsein. Der Mensch kann nur glücklich sein, wenn er intelligent ist, absolut intelligent.

Meditation ist ein Hilfsmittel, um deine Intelligenz zu befreien. Je meditativer du wirst, desto intelligenter wirst du auch. Aber wohlgemerkt, mit Intelligenz ist nicht Intellektualität gemeint. Intellektualität ist eine Art von geistiger Beschränktheit. Intelligenz ist ein völlig anderes Phänomen; sie hat nichts mit dem Gehirn zu tun. Intelligenz ist etwas, das unmittelbar aus deinem Zentrum kommt. Sie steigt in dir auf, und mit ihr beginnt vieles in dir zu wachsen. Du wirst glücklich, du wirst kreativ, du wirst rebellisch, du wirst abenteuerlustig. Du fängst an, die Unsicherheit zu lieben. Du fängst an, dich ins Unbekannte zu wagen.

Du fängst an, gefährlich zu leben, denn das ist die einzige Art zu leben … Die Entscheidung zu treffen: »Ich will mein Leben auf intelligente Art leben«, und: »Ich will kein bloßer Nachahmer sein«, und: »Ich will aus meiner Mitte leben, will mich nicht mehr von außen steuern und herumkommandieren lassen«, und: »Ich werde alles riskieren, um ich selbst zu sein, aber ich werde nicht mehr der Massenpsychologie folgen«, und: »Ich werde allein gehen, ich finde selbst meinen Weg« und: »Ich werde mir in der Welt der Wahrheit meinen eigenen Weg bahnen«. Schon allein dadurch, dass du dich ins Unbekannte wagst, erschaffst du dir deinen eigenen Weg. Der Weg ist nicht vorgezeichnet; du erschaffst ihn, indem du ihn gehst.

Intelligenz verleiht dir den Mut zum Alleinsein, und Intelligenz verleiht dir auch die Vision, um kreativ zu sein. Ein großer Drang, ein großer Hunger entsteht in dir, kreativ zu sein. Und als Folge davon, nur dann, kannst du wirklich glücklich sein, kannst du selig sein.

DIE MEDITATION
DAS INNERE LÄCHELN

Die heutige Meditation ist eine Übung, die uns darin unterstützt, in einen Zustand einfacher, unauffälliger Egolosigkeit gelangen zu können – als Ausdruck jener »Sprache von Gesundheit, Ganzheit, Glücklichsein«, die Osho weiter oben erwähnt.

Du kannst diese Meditation für einige Minuten immer dann praktizieren, wenn du gerade Zeit hast und irgendwo still dasitzen kannst, ohne etwas erledigen zu müssen. Du kannst sie in der U-Bahn üben, bei dir zu Hause, in der Mittagspause bei der Arbeit oder im Park, während du deinem Kleinkind beim Spielen zusiehst – also jederzeit, wenn du unbeschäftigt bist. Am Anfang, in der Lernphase, ist es gut, dabei die Augen zu schließen. Später kannst du es genauso gut auch mit offenen Augen machen, und keiner in deiner Nähe wird bemerken, dass du eine Meditationstechnik übst, während du so dasitzt.

Die Technik

ERSTE PHASE: Wenn du gerade nichts Bestimmtes zu tun hast, setze dich hin und entspanne den Unterkiefer. Öffne ein wenig den Mund und beginne, durch den Mund zu atmen, aber nicht tief. Überlasse das Atmen dem Körper, sodass es allmählich flacher wird. Wenn du spürst, dass der Atem ganz sanft geworden ist, der Mund geöffnet und das Kinn entspannt ist, wird sich dein ganzer Körper total entspannt anfühlen.

ZWEITE PHASE: Nun beginne, ein Lächeln zu fühlen – nicht im Gesicht, sondern im ganzen Sein. Du wirst es spüren. Es ist kein Lächeln auf den Lippen, sondern ein existenzielles Lächeln, das sich innerlich ausbreitet.

Probiere es einfach, dann wirst du wissen, wie es sich anfühlt, denn es lässt sich nicht erklären. Du brauchst nicht mit den Lippen lächeln, im Gesicht, sondern so, als würde dein Lächeln aus dem Bauch kommen. Dein Bauch lächelt. Es ist ein Lächeln und kein Lachen – so zart und weich und verletzlich wie eine kleine Rosenknospe, die sich in deinem Bauch öffnet und ihren Duft im ganzen Körper verströmt.

DRITTE PHASE: Wenn du dieses Lächeln erst einmal kennengelernt hast, weißt du, wie du vierundzwanzig Stunden am Tag glücklich sein kannst. Und immer, wenn du merkst, dass dir dieses Glücksgefühl fehlt, dann mach einfach für ein paar Momente die Augen zu und hol dir wieder dieses Lächeln – und es wird da sein. Tagsüber kannst du dir dieses Lächeln zurückholen, so oft du willst. Es ist immer in dir vorhanden.

Zitat des Tages

Meditation ist ein Feuer – sie verbrennt deine Gedanken, deine Wünsche, deine Erinnerungen; sie verbrennt die Vergangenheit und die Zukunft. Sie verbrennt deinen Verstand und das Ego. Sie nimmt dir alles weg, von dem du denkst, dass du es seist. Meditation ist ein Tod und eine Wiedergeburt, eine Kreuzigung und eine Auferstehung. Du wirst neu geboren. Dabei verlierst du vollständig deine alte Identität – und erlangst eine neue Vision vom Leben.

– Osho

Notizen

8. TAG Man braucht Intelligenz, um glücklich zu sein

TAG 9

*Die Einheit von Körper,
Geist und Seele*

Neben den zahlreichen Osho-Büchern, die alle aus seinen Vorträgen übertragen und publiziert worden sind, ist Osho insbesondere für seine revolutionären »Aktiven Meditationen« bekannt geworden. Für die heutigen Menschen, deren Umfeld komplexe Anforderungen an ihre Zeit und ihren Umgang mit den unterschiedlichsten Situationen und Menschen im Alltag stellt – was wohl für die meisten von uns zutrifft –, erweist es sich als sehr schwierig, still zu sitzen. Damit wir überhaupt »Qualitätszeit« mit uns selbst verbringen können, müssen wir zuerst die angesammelte Spannung in Körper und Geist abbauen, weil sonst die aufgestauten Gedanken, Sorgen und Probleme unsere ganze Aufmerksamkeit einfordern, sobald wir versuchen, uns still hinzusetzen.

Glücklicherweise, so hat Osho stets betont, kann sich uns auch beim Laufen, Schwimmen oder Tanzen die Tür zur Meditation öffnen. Wenn wir diese Aktivitäten mit voller Aufmerksamkeit und Totalität betreiben, führen sie uns auf natürliche Weise zur Einheit von Körper, Geist und Bewusstsein. Und darum geht es im Wesentlichen bei jeder Meditation.

Nachdem uns Oshos einführende Worte heute auf die Wichtigkeit hinweisen, die Energien von Körper, Verstand (*Mind*) und Seele miteinander in Einklang zu bringen, könnte dir die heutige Meditationstechnik eine Erfahrung aus erster Hand vermitteln, wie sich das anfühlt.

OSHOS WORTE
Eine der großartigsten Entdeckungen der modernen Physik ist die Erkenntnis, dass Materie und Energie äquivalent sind. Das ist Albert Einsteins wichtigster Beitrag für die Menschheit.

Existenz ist Energie. Die Wissenschaft hat entdeckt, dass das, was sie beobachtet, Energie ist – das Objekt ist Energie. Und von alters her, seit mindestens fünftausend Jahren, weiß man, dass auch der andere Pol – das Subjekt, der Beobachter, das Bewusstsein – Energie ist. Dein Körper ist Energie, dein Geist (Mind) ist Energie, deine Seele ist Energie.

Wenn diese drei Energien allesamt in Harmonie funktionieren, bist du gesund, heil und ganz. Wenn aber diese Energien nicht harmonisch und im Einklang zusammenarbeiten, bist du nicht gesund; dann bist du krank, bist du nicht mehr heil und ganz.

Worum wir uns hier bemühen, ist, dich darin zu unterstützen, dass Körper, Verstand und Bewusstsein im Einklang, in einem gemeinsamen Rhythmus, in tiefer Harmonie miteinander pulsieren können – ohne jeden Konflikt, in ganzheitlichem Zusammenwirken.

Doch die Menschen leben im Chaos: Ihr Körper sagt das eine, der Körper tendiert in eine bestimmte Richtung, aber der Verstand setzt sich über den Körper hinweg, lässt ihn oft völlig außer Acht … Man hat euch seit vielen Jahrhunderten beigebracht, dass ihr nicht der Körper seid; man hat euch jahrhundertelang gepredigt, der Körper sei euer Feind, ihr müsstet gegen ihn ankämpfen, müsstet ihn beherrschen und außer Kraft setzen, weil der Körper Sünde sei. Ihr erlebt euren Körper nicht in einem rhythmischen Tanz mit eurem Selbst.

Deshalb lege ich so viel Wert auf das Tanzen und die Musik, denn nur im Tanz kannst du erleben, dass dein Körper, dein Geist und du eine gemeinsam funktionierende Ganzheit bilden. Und wenn alle drei zusammenwirken, ist es eine unendliche Freude, ein solcher Reichtum!

Du musst lernen, mit diesen drei Energien so zu spielen, dass aus ihnen ein Orchester wird.

Läufer machen häufig eine solche Erfahrung … Vielleicht ist dir noch nie der Gedanke gekommen, dass Laufen auch eine Meditation sein könnte, aber gelegentlich machen Läufer eine erstaunliche meditative Erfahrung. Es kommt sehr überraschend für sie, weil sie gar nicht damit gerechnet haben, wenn es geschieht. Und so ist das Laufen heute in zunehmendem Maße zu einer neuen Art von Meditation geworden. Es kann also beim Laufen passieren.

Wenn du je als Läufer frühmorgens unterwegs warst und es genossen hast, dass die Luft noch frisch und jungfräulich war und die ganze Welt zurückkehrte und aus dem Schlaf erwachte ... Du bist gelaufen und dein Körper hat wunderbar mitgespielt, und die frische Luft, die aus dem Dunkel der Nacht wieder neu erstandene Welt, um dich herum war alles am Singen, du fühltest dich so lebendig ... Und plötzlich ist da ein Moment, in dem der Läufer verschwindet und nur noch das Laufen da ist. Körper, Geist und Seele sind wie eins, und mit einem Mal wird innerlich ein Orgasmus ausgelöst.

Meine eigene Beobachtung ist die, dass ein Läufer leichter in die Nähe von Meditation kommen kann als sonst jemand. Joggen kann eine enorme Hilfe sein, Schwimmen kann eine enorme Hilfe sein. All diese Dinge können zu einer Meditation gemacht werden.

Gebt die alten Vorstellungen von Meditation auf – dass Meditation darin bestünde, in einer Yogaposition unter einem Baum zu sitzen. Es ist nur einer von vielen Wegen, und für einige Leute mag er durchaus geeignet sein, aber nicht für alle. Für ein kleines Kind ist das keine Meditation, sondern eine Tortur. Für einen Jüngling, strotzend und strahlend vor Leben, ist es reine Unterdrückung, aber keine Meditation. Für einen alternden Mann, der sein Leben gelebt hat und dessen Energie auf dem absteigenden Ast ist, mag es Meditation sein.

Die Menschen sind verschieden; es gibt viele Arten von Menschen.

Laufen kann eine Meditation sein – Joggen, Tanzen, Schwimmen, alles Mögliche kann zur Meditation werden. Meine Definition von Meditation lautet: Immer wenn Körper, Geist und Seele im gemeinsamen Rhythmus pulsieren, ist es Meditation. Und wenn du es ganz bewusst als Meditation machst – nicht, um an den Olympischen Spielen teilzunehmen, sondern um es als Meditation zu üben – dann ist das wunderbar.

Mein Anliegen ist es, Meditation allen Menschen zugänglich zu machen. Jeder, der meditieren möchte, sollte seinem Typ entsprechend Zugang zur Meditation erhalten. Wer Ruhe braucht, sollte Ruhe zu seiner Meditation machen. Dann wird für ihn »Stillsitzen und Nichtstun, der Frühling kommt, und das Gras wächst von allein« die passende Meditation sein. Wir brauchen so viele Dimensionen von Meditation, wie es Menschen auf dieser Welt gibt. Die Vorgaben sollten nicht allzu sehr festgelegt sein, denn es gibt keine zwei Individuen, die sich gleichen. Die Form sollte möglichst flexibel sein, damit sie sich dem Individuum anpassen kann. In der Vergangenheit bestand die Praxis darin, dass sich das Individuum der Form anpassen musste.

Ich bringe eine Revolution: Das Individuum soll nicht der Form entsprechen, sondern die Form soll dem Individuum entsprechen. Ich habe absolute Hochachtung vor dem Individuum.

Nur ein grundlegendes, fundamentales Prinzip sollte für sämtliche Meditationstechniken gelten: Körper, Geist und Bewusstsein funktionieren als eine Einheit.

DIE MEDITATION
STELL DIR VOR, DU LÄUFST

Wenn Laufen, Schwimmen, eventuell auch Radfahren schon fester Bestandteil deines Lebens sind – etwas, das du regelmäßig betreibst, um »den Kopf freizubekommen« oder deine »Batterien wieder aufzuladen«, wird dir das, was Osho hier anspricht, sehr bekannt vorkommen. Dann hältst du einen wichtigen Schlüssel bereits in Händen – nun liegt es an dir, ihn mit Absicht und erhöhtem Gewahrsein anzuwenden.

Wenn deine »sportliche Betätigung« darin besteht, in einem Fitness-Studio auf dem Laufband zu trainieren, dann schau doch mal genauer hin, wie du damit umgehst. Überlege, ob du es nicht zu einer Meditation machen willst: Schalte den TV-Monitor über dem Laufband aus und lass den Roman, den du beim Laufen lesen wolltest, in deiner Tasche im Schließfach. Wenn du Musik hören willst, stell dir einen Soundtrack zusammen, der dich bei deiner körperlichen Aktivität rein energetisch unterstützt, statt dich mental oder emotional aufzuputschen. Wenn das Fitness-Studio, in dem du trainierst, allen dieselbe Musik aufzwingt, nimm dir lieber Ohrstöpsel mit. Unternimm alles Nötige, um dich zu unterstützen, dass du mit der totalen Aufmerksamkeit und Energie, die du aufwendest, in den meditativen Zustand gelangst, von dem Osho redet.

Und hier nun die spezielle Technik für heute, die dich vielleicht überraschen wird:

Die Technik

Wenn du aus irgendeinem Grund nicht laufen kannst – etwa weil du keinen Raum oder keine Zeit hast, dich nicht wohlfühlst, abscheuliches Wetter herrscht oder du dich verletzt hast, dann probiere mal Folgendes:

Leg dich aufs Bett und stell dir vor, dass du Laufen gehst. Male dir die Umgebung in der Fantasie aus: die Bäume und den Wind, der dir über das Gesicht streicht, die Sonne, den Strand, die salzige Luft … das ganze Drumherum – visualisiere es und stelle es dir so intensiv und farbig wie möglich vor.

Vielleicht kommen dir Erinnerungen an einen wunderbaren Morgen, als du den Strand entlanggelaufen bist, oder im Wald – und stelle dir vor, wie du läufst und läufst und läufst … Bald wirst du bemerken, wie dein Atem sich verändert … und du läufst immer weiter … auf diese Weise kannst du kilometerweit laufen, endlos …

Du wirst dich wundern: Selbst wenn du dies im Liegen auf deinem Bett machst, wirst du vielleicht Augenblicke erleben, in denen plötzlich Stille, Meditation, innerer Friede stattfindet.

Und dann ... vielleicht nach fünfzehn, zwanzig Minuten ...

Lass das Laufen ans Ende kommen und liege still da. Nimm einen tiefen Atemzug und ruhe dich eine Weile aus – beobachte, was innen und außen passiert.

Zitat des Tages

Lerne die Kunst, dich selbst zu feiern – ganz ohne Anlass, ohne Grund. Einfach nur da zu sein ist genug, mehr als genug. Dich als Teil des Ganzen zu fühlen ist solch eine großartige Verwandlung … Du kannst nicht anders, du musst tanzen, musst singen, musst deine Freude ausdrücken, deine Glückseligkeit.

– Osho

Notizen

9. TAG DIE EINHEIT VON KÖRPER, GEIST UND SEELE

TAG 10

Werde langsamer

Die Technik ist eigentlich dazu da, uns das Leben zu erleichtern, aber für viele von uns sieht die Realität anders aus: Unser heutiges Leben ist hektischer als je zuvor. Wir sind rund um die Uhr im Einsatz, checken Messages, E-Mails, Blogs, Postings in sozialen Medien, die aktuellen Nachrichten – von frühmorgens bis spätabends.

Im Vergleich zu den Menschen, die zu Buddhas Zeiten oder auch vor nur hundert Jahren lebten, spielt sich unser Leben in einem rasanten Strudel von Ereignissen und Sinneseindrücken ab. Wir sind pausenlos auf Trab.

Unser heutiges Meditationsprogramm dreht sich um die Kunst des Entschleunigens. Wir müssen wieder lernen, langsamer zu werden.

Um uns klarzumachen, wie hilfreich Meditation dabei sein kann, zeigt Osho beispielsweise auf, dass uns beigebracht wurde, wie »wichtig« es sei, sich Ziele zu setzen und pausenlos aktiv zu sein – um bloß nicht in den Verdacht zu geraten, als »faul« zu gelten oder als jemand, dem es an Ehrgeiz mangelt. Sobald wir anfangen, die verinnerlichten Glaubenssätze als das zu erkennen, was sie sind, können wir anfangen zu begreifen, dass wir in jedem Augenblick, den wir mit vollkommener Präsenz im gegenwärtigen Moment leben, genau dort sind, wo wir sein sollen.

Die heutige Meditation mit dem Namen »*Hülle dich in eine Aura der Freude*« ist ein Experiment, bei dem wir lernen können, unseren eigenen inneren Zustand zu kreieren: ein Zentrum heiterer Gelassenheit, in dem wir entspannt bleiben, selbst wenn in der Außenwelt die Stürme toben.

OSHOS WORTE

»Wie wird man langsamer?«

Das Leben führt nirgendwohin. Es gibt kein Ziel, keinen Bestimmungsort, an dem wir ankommen sollen. Das Leben ist absichtslos; es ist einfach. Erst wenn dein Herz von dieser Einsicht durchdrungen ist, kannst du langsamer werden.

Langsamer zu werden ist keine Frage des »Wie«; es ist keine Frage einer Technik oder Methode.

Wir reduzieren immer alles zu einem Wie. Überall auf der Welt ist heute der »Wie-wird-man-Ismus« (engl. »How-to-Ism« – Anm. d. Übers.) verbreitet. Fast jeder Zeitgenosse ist zu einem »Wie-wird-man-Anhänger« geworden, zumal wenn er sich dem aktuellen Zeitgeist verschrieben hat.

»Wie wird man dies, wie wird man das, wie wird man reich, wie wird man erfolgreich, wie gewinnt man Freunde und Einfluss auf andere, wie meditiert man«, ja sogar: »Wie liebt man?« ... Der Tag ist nicht mehr allzu fern, an dem irgend so ein Dummy fragen wird, wie man atmet.

Aber es ist gar keine Frage des Wie.

Reduziert doch bitte das Leben nicht zu einer Technik! Ein Leben, das zu einer Technik reduziert wird, verliert jedes Aroma der Freude.

Mir ist ein Buch untergekommen, dessen Titel ich zum Schreien komisch finde. Das Buch heißt You Must Relax (wörtlich auf Deutsch: »Du musst dich entspannen« – Anm. d. Übers.). Wenn du dich um Entspannung bemühst, wirst du entdecken, dass du verspannter wirst. Also streng dich mehr an, entspann dich gefälligst! – Dann wirst du total verkrampft sein.

Entspannung ist kein Ergebnis und keine Folge einer bestimmten Aktivität. Entspannung ist die Ausstrahlung, die aus Verständnis und innerer Einsicht erwächst.

Lebe den Augenblick aus purer Freude, ihn zu erleben. Dann hat jeder Augenblick eine orgasmische Qualität. Ja, er ist orgasmisch. Du bist hier, um die ganze Lebensfülle zu genießen!

Die einzige Art zu leben, zu lieben und zu genießen, besteht darin, die Zukunft zu vergessen. Sie existiert nicht.

Das Leben ist eine Pilgerreise nach Nirgendwo – von nirgendwo nach nirgendwo. Und zwischen diesen beiden Nirgendwos (engl. nowheres) befindet sich das Jetzt-und-Hier (now-here). Nowhere besteht aus den beiden Wörtern now (jetzt) und here (hier). Und zwischen diesen beiden Nowheres ist das Jetzt-Hier.

Es steht also völlig außer Frage, irgendeine Technik anzuwenden, um langsamer zu werden. Damit würdest du trotzdem mit deiner zielorientierten Grundeinstellung weiterleben. Natürlich kannst du dich bemühen, langsamer zu werden, und es könnte dir sogar gelingen. Allerdings wirst du dein Leben dadurch nur mit zusätzlicher Spannung belasten. Du müsstest ständig auf der Hut sein, langsam zu bleiben, müsstest dich permanent zusammenreißen, um langsam zu bleiben.

Wie willst du es denn anstellen, langsamer zu werden? Wenn du langsamer wirst, bist du ein Versager. Wenn du langsamer wirst, kannst du niemals erfolgreich sein. Wenn du langsamer wirst, bist du verloren! Wenn du langsamer wirst, bleibst du ein anonymer Niemand. Du wirst der Welt niemals deinen Stempel aufdrücken können. Was soll aus dir werden, wenn du langsamer wirst? Alle anderen haben keine Absicht, langsamer zu werden.

Es ist doch fast so, als wärest du Teilnehmer in einem olympischen Wettrennen, und du fragst mich: »Wie wird man langsamer?« Sobald du langsamer wirst, fliegst du raus; dann bist du aus dem Rennen. Das ganze Leben wurde in einen Olympialauf verwandelt. Und alle machen mit bei diesem Marathon, und jeder muss rennen, bis er an seine Grenzen kommt, denn es geht um Leben und Tod. Millionen von Gegnern … Wir leben in einer Welt, in der jeder dein Gegner ist, denn alle, mit denen du in Konkurrenz stehst, sind deine Gegner.

Meditation ist nicht etwas, das auf jedem Boden gedeihen kann. Sie braucht ein gewisses Grundverständnis; es geht um eine grundlegende

Veränderung. Diese braucht einen neuen Boden, in dem sie wachsen kann; sie braucht einen neuen Rahmen.

Ein Meditierender wird auf natürliche Weise langsamer, ohne Anstrengung. Er muss das nicht üben. Eine eingeübte Sache ist nie aufrichtig; sie ist gekünstelt, willkürlich. Meide alles Eingeübte – man kann es höchstens vortäuschen, aber es ist niemals wahr. Und nur die Wahrheit befreit.

Dieser Augenblick ist der einzige, der existiert, und diese Wirklichkeit ist die einzige, die existiert, und dies ist die einzige Wirklichkeit, die immer war und immer sein wird.

Ändere deine Grundeinstellung, denn sie ist die Lebensphilosophie eines leistungsorientierten Aufsteigers. Entspanne dich in dein Sein. Hab keine Ideale und bemühe dich nicht, etwas aus dir zu »machen«. Du bist perfekt, so wie du bist. Du bist vollkommen in deiner ganzen Unvollkommenheit. Du bist die Unvollkommenheit in Perfektion.

DIE MEDITATION
HÜLLE DICH IN EINE AURA DER FREUDE

Wenn dich diese Methode anspricht, kannst du sie jeden Abend ein paar Minuten lang praktizieren, über einen Zeitraum von drei Wochen. Und tagsüber behalte sie einfach locker im Hinterkopf. Später kannst du das allabendliche Üben aufgeben, denn in dem Maße, wie die Lektionen in deinem Leben Wurzeln schlagen, löst sich die Methode allmählich auf.

Die Technik

ERSTE WOCHE: Auf deinem Bett liegend oder sitzend, schalte das Licht aus und verweile im Dunkeln. Erinnere dich an einen schönen Moment, den du in der Vergangenheit erlebt hast – nimm einen Lieblingsmoment. Es kann etwas recht Gewöhnliches sein, denn manchmal passieren die außergewöhnlichsten Dinge in recht gewöhnlichen Situationen: Du sitzt still da und tust gar nichts ... der Regen prasselt auf das Dach ... dieser Geruch, dieser Klang ... Du fühlst dich darin eingehüllt – und auf einmal klickt es: Du erlebst einen heiligen Augenblick. Oder ein andermal, beim Gehen auf der Straße, hat dich plötzlich, mitten durch die Bäume hindurch, ein Sonnenstrahl getroffen – und klick: Für einen kurzen Moment öffnet sich etwas: Du bist in eine andere Welt versetzt.

Schließe die Augen und erlebe noch einmal diesen Moment. Erinnere dich an die Einzelheiten – die Geräusche ... die Gerüche ... die Beschaffenheit dieses Augenblicks ... Da singt ein Vogel, ein Hund bellt ... ein leichter Wind weht, die verschiedenen Klänge ... Öffne dich für all die Erfahrungen, von allen Seiten, multidimensional, mit allen Sinnen. Nimm diesen schönen Augenblick, den du dir ausgesucht hast, und benutze ihn für diese Meditation, an sieben Abenden.

Du wirst entdecken, dass du jeden Abend deutlichere Details wahrnimmst – Dinge, die du im realen Moment vielleicht verpasst hast, sind noch in dir gespeichert. Vielleicht fühlst du subtile Nuancen, von denen du gar nichts mitbekommen hast, während du sie erlebtest. Nun erkennst du vielleicht, dass noch viel mehr da war, das du in jenem Moment verpasst hast. Im Bewusstsein, deinem zuverlässigen, äußerst kompetenten Diener, ist alles gespeichert.

Vor Ablauf der sieben Tage wirst du in der Lage sein, deinen »schönen Moment« so klar vor Augen zu haben, dass du meinst, noch nie einen Augenblick so klar gesehen zu haben wie diesen.

ZWEITE WOCHE: Mache weiter wie bisher und füge ein weiteres Element hinzu: Nimm fühlend den Raum wahr, der dich in diesem Moment umgibt ... Fühle das Klima, von dem du umgeben bist – auf allen Seiten, bis zu einem Meter tief. Fühle die Aura dieses Moments, die dich einhüllt. Am Ende des vierzehnten Tages bist du vielleicht in der Lage, dich in einer völlig anderen Welt aufzuhalten und dir trotzdem gleichzeitig bewusst zu sein, dass jenseits der 1-Meter-Grenze eine andere Zeit und eine andere Dimension herrschen.

DRITTE WOCHE: Nun kommt noch eine Sache hinzu: Erlebe den Moment, fühle dich in ihm eingebettet und erschaffe dazu einen imaginierten Gegen-Raum. Ein Beispiel soll das illustrieren: Du fühlst dich wunderbar; bis zu einem Abstand von etwa einem Meter fühlst du dich rundherum eingebettet in dieses Wohlgefühl, umhüllt von einer Aura der Freude.

Und nun stelle dir eine andere Situation vor: Jemand beleidigt dich. Doch die Beleidigung kommt nicht näher an dich heran als bis zur Grenze deiner Aura. Sie ist wie ein Zaun, der die Beleidigung von dir abhält. Sie kommt wie ein Pfeil auf dich zu – und prallt ab. Oder erinnere dich an einen traurigen Moment, als dir jemand wehtat: Der Schmerz gelangt aber nur bis zu der Grenze, die dich wie eine Glaswand umgibt – und fällt dort in sich zusammen. Er kann dir nichts anhaben.

Wenn die ersten beiden Wochen gut verlaufen sind, wirst du in der dritten Woche erleben, dass alles an der meterbreiten Grenze haltmacht und nichts in dich eindringen kann, wenn die Aura dich umhüllt.

VIERTE WOCHE UND DANACH: Diese Aura kannst du nun ständig bei dir haben – beim Shoppen, beim Reden mit Leuten; halte sie dauernd im Bewusstsein. Und welche Freude, wenn du erkennst: Nun kannst du dich überall in der Welt bewegen, dabei aber ständig deine eigene, private Welt bei dir haben, die es dir ermöglichen wird, ganz in der Gegenwart zu leben – ruhig, gelassen und in deiner Mitte.

Trage diese Aura für ein paar Tage, ein paar Monate immer bei dir. Wenn du siehst, dass du sie nicht mehr brauchst, kannst du sie aufgeben. Wenn du erst einmal weißt, wie du jetzt hier sein kannst, und wenn du für dich entdeckt hast, wie wunderbar und beseligend das ist, dann kannst du die Aura loslassen.

Zitat des Tages

Frauen können warten, und sie können unbegrenzt warten; ihre Geduld ist unendlich. Das muss so sein, denn ein Kind muss neun Monate lang ausgetragen werden. Und seht euch eine Mutter an, eine werdende Mutter, wie sie immer schöner wird. Sie erlangt eine besondere Anmut, umgeben von einer Aura der Gnade. Jetzt erstrahlt sie in Schönheit, bald kommt sie zur vollen Blüte.

– Osho

Notizen

TAG 10 WERDE LANGSAMER

TAG 11

Jeder Mensch ist kreativ

Das Programm für den heutigen Tag stellt unsere selbstbeschränkenden Vorstellungen von Kreativität infrage. Wir leben in einer Kultur, die voraussetzt, dass ein kreativer Mensch irgendein besonderes Talent, eine einzigartige Begabung, eine Meisterschaft auf einem bestimmten Gebiet aufweisen müsse. Osho wirft diese gängige Ansicht über den Haufen. Kreativität, so betont er, sei in erster Linie eine Sache der Lebenseinstellung. Sie ist die Gabe, Freude in alles einzubringen, was wir im Augenblick tun – sei es beim Kochen einer Mahlzeit, beim Reinigen des Fußbodens, beim Geschirrspülen oder bei einem vertraulichen Gespräch mit einem Freund.

Die heutige Meditation heißt *»Vom Kauderwelsch zur Stille«* und verspricht viel Spaß, Verspieltheit und frischen Elan. Stell dir vor, du bereitest mithilfe dieser Technik eine leere Leinwand für deine Lebenskunst vor. Diese Übung wird dir die Möglichkeit geben, dich von allen übernommenen Vorstellungen von Kreativität zu befreien.

OSHOS WORTE
Kreativität hat nichts mit einer bestimmten Aktivität zu tun – wie Malen, Dichten, Tanzen, Singen. Sie ist an kein bestimmtes Tun gebunden.

Alles kann kreativ sein – denn du bist es, der einer Aktivität diese Qualität verleiht. Die Aktivität an sich ist weder kreativ noch unkreativ. Man kann auf unkreative Weise malen, auf unkreative Weise singen. Du kannst aber auf kreative Weise den Boden reinigen, kannst auf kreative Weise kochen. Kreativität ist also die Qualität, die du selbst in jegliches Tun, mit dem du gerade beschäftigt bist, einbringst. Sie ist eine innere Haltung, eine innere Vorgehensweise – deine Art, die Dinge zu sehen.

Das Erste, was es also zu beachten gilt: Kreativität ist nicht auf bestimmte Dinge beschränkt. Der Mensch ist kreativ ... und wenn er kreativ ist, zeigt es sich in allem, was er tut, selbst beim Gehen – sogar sein Gang wird kreativ sein. Sogar das Nichtstun wird zu einem kreativen Akt. Der sitzende Buddha unter dem Bodhibaum, der einfach da ist und gar nichts tut, ist der größte Kreative, den die Welt je kannte.

Sobald du das verstehst – dass du es bist, der Mensch, der entweder kreativ oder unkreativ ist –, verschwindet das Problem.

Nicht jeder kann ein Maler sein, und das ist auch nicht nötig. Wäre jeder ein Maler, dann wäre es um diese Welt ziemlich schlecht bestellt; unser Leben wäre schwierig! Nicht jeder kann ein Tänzer sein, und es ist auch nicht notwendig. Doch jeder kann kreativ sein.

Egal, was du tust: Wenn du voller Freude dabei bist, wenn du es mit Liebe tust und nicht aus Berechnung, dann ist es kreativ. Wenn in dir etwas heranwächst, das sich ausdrücken will, wenn es dir Wachstum schenkt, dann ist es spirituell, ist es kreativ, ist es göttlich.

Liebe das, was du tust! Sei meditativ bei allem, was du tust, egal, was es sein mag. Es spielt keine Rolle, was es ist. Kreativität bedeutet, zu lieben, was auch immer du tust – es zu genießen und zu feiern als ein Geschenk von der Existenz. Möglicherweise wird nie jemand etwas davon erfahren. Wenn du aber auf Berühmtheit aus bist und dich deshalb für kreativ hältst – etwa, um den Ruhm eines Picasso zu erlangen, weil du das für wahre Kreativität hältst –, dann liegst du völlig daneben. In Wahrheit bist du dann überhaupt nicht kreativ; du bist nur ehrgeizig, ein Politiker. Wenn du mit dem, was du machst, berühmt wirst – gut. Wenn du nicht berühmt wirst – auch gut. Es sollte nicht dein Motiv sein. Deine einzige Überlegung sollte sein, ob du bei dem, was du tust, Freude erlebst. Dann ist es deine Liebesgeschichte.

Wenn dein Tun ein Liebesabenteuer ist, wird es kreativ. Kleine Dinge werden großartig, wenn Liebe und Begeisterung sie berühren.

Die Frage war: »Ich dachte immer, ich sei unkreativ.« So wurde es uns allen beigebracht. Nur wenige Menschen werden als kreativ akzep-

tiert: ein paar Maler, ein paar Dichter, einer unter Millionen. Das ist Unsinn. Jeder Mensch ist ein geborener Schöpfer.

Du kannst es an den Kindern sehen – sie sind alle kreativ. Aber nach und nach machen wir ihre Kreativität zunichte; nach und nach zwingen wir ihnen unsere falschen Ansichten auf; nach und nach bringen wir sie von sich selbst ab; nach und nach machen wir sie mehr und mehr berechnend, politisch, karrieresüchtig.

Sobald Ehrgeiz hinzukommt, verschwindet die Kreativität – weil ein ehrgeiziger Mensch nicht schöpferisch sein kann. Ein ehrgeiziger Mensch kann keine Tätigkeit um ihrer selbst willen lieben. So zerstören wir die Kreativität. Niemand wird unkreativ geboren, doch wir machen neunundneunzig Prozent aller Menschen unkreativ.

Es wird aber nichts helfen, die Verantwortung dafür auf die Gesellschaft zu schieben. Du musst dein Leben selbst in die Hand nehmen. Du musst die falschen Konditionierungen aufgeben, musst die unwahren, hypnotischen Autosuggestionen, die du in deiner Kindheit aufgenommen hast, fallen lassen.

Ein kreativer Mensch kommt in diese Welt und vermehrt ihre Schönheit – ein Lied hier, ein Gemälde da. Er trägt dazu bei, dass die Welt besser tanzen, besser genießen, besser lieben, besser meditieren kann. Und wenn er die Welt verlässt, hinterlässt er eine bessere Welt als zuvor. Ob man ihn kennt oder ob niemand ihn kennt, ist völlig unwichtig. Doch wenn er geht, hinterlässt er eine bessere Welt und ist unendlich erfüllt, denn sein Leben hatte einen inneren Wert.

Wenn du von ganzem Herzen lächeln kannst, wenn du lächelnd die Hand von jemandem halten kannst, ist das ein kreativer Akt, eine wahrhaft schöpferische Handlung. Jemanden von Herzen in den Arm zu nehmen, das ist kreativ. Jemanden liebevoll anzuschauen ... Ein einziger liebevoller Blick kann die ganze Welt eines Menschen verändern.

Dein Dasein ist nicht zufällig; dein Dasein ist bedeutsam. Dein Dasein hat einen Sinn. Das Ganze will etwas durch dich vollbringen.

DIE MEDITATION

VOM KAUDERWELSCH ZUR STILLE (*Gibberish*-Meditation)
Die heutige Meditation ist ein Hilfsmittel, um den Kopf leer, das Denken frei zu machen; sie ist eine der einfachsten, wissenschaftlichsten Methoden, um unseren *Mind* zu entrümpeln und zu erfrischen.

Osho sagt:

»Stell dir vor, du darfst alles sagen, was du schon immer sagen wolltest, aber nie sagen konntest – aus Rücksicht auf gutes Benehmen, Bildung, Etikette, die Gesellschaft. Nun bekommst du die Gelegenheit, alles zu sagen, in einer beliebigen Sprache, die du schon einmal gehört hast, aber nicht beherrschst! Zum Beispiel hast du Chinesisch schon mal reden gehört, aber du kannst nicht Chinesisch. Also, rede jetzt Chinesisch! Du kannst dabei schreien, lachen, weinen, herumtoben, richtig laut werden, gestikulieren. Lass einfach alles rauskommen, was herauswill, ohne dich darum zu kümmern, ob es sinnvoll, vernünftig, bedeutsam oder wesentlich ist. Mache es den Vögeln nach!
Lass alles heraus, was dir in den Sinn kommt, allen möglichen Quatsch, den ganzen Müll – wirf ihn raus! Und mach es so total wie möglich, mit großer Begeisterung.«

Die Technik

Für diese Meditation kannst du jede Zeit und jeden Ort wählen, die dir genügend Privatheit ermöglichen. Jede der vier Phasen dauert fünf Minuten. Wenn dir Lachen und Weinen in der zweiten und dritten Phase zunächst schwerfallen, experimentiere vorerst nur mit der ersten und letzten Phase. Irgendwann schaltet sich dann vielleicht die zweite beziehungsweise dritte Phase spontan ein, und es geht viel leichter.

ERSTE PHASE: Brabbeln. Gib irgendein Kauderwelsch von dir, in irgendeiner Sprache, die du nicht beherrschst. Es ist sinnvoll, die Strukturen und Klänge der menschlichen Sprache zu verwenden und nicht bloß zu grunzen, zu knurren oder andere Tierlaute von sich zu geben, denn das hätte eine andere Wirkung. Im Übrigen steht es dir völlig frei, so viel zu schreien, zu brüllen und deine Gefühle auszudrücken, wie du magst.

ZWEITE PHASE: Lachen. Lache so total wie möglich, ohne dass du dafür einen Anlass brauchst.

DRITTE PHASE: Weine und schluchze ohne Grund, aber nach Herzenslust.

LETZTE PHASE: Lege dich hin – bleibe unbeweglich und still, als wärest du tot; nur der Atem kommt und geht.

Zitat des Tages

Ein kreativer Akt bereichert die Schönheit dieser Welt.
Er gibt der Welt etwas, nimmt aber nie etwas weg.

– Osho

Notizen

11. TAG JEDER MENSCH IST KREATIV

TAG 12

Intuition – Lernen von innen

Intuition taucht aus dem inneren Raum zwischen dem intellektuellen, logischen Verstand und dem grenzenlosen Bereich der Seele auf. Durch Logik erfasst der Verstand die Realität; durch Intuition erlebt die Seele die Wirklichkeit. Oshos Aussagen zu diesen Themen sind herrlich klar, manchmal witzig und absolut fesselnd. Jeder Mensch hat von Natur aus die Fähigkeit zur Intuition, wird aber durch die gesellschaftliche Konditionierung und formale Schulbildung darin blockiert. Man bringt den Menschen von klein auf bei, ihre Instinkte, »Bauchgefühle« und Vorahnungen zu ignorieren, statt sie zu verstehen und als Fundament für individuelles Wachstum und Entwicklung einzusetzen. Im Verlauf dieses Prozesses werden die tiefen Wurzeln der angeborenen Weisheit, die zur Intuition aufblühen sollte, untergraben. Hier erläutert Osho, was Intuition ist und gibt Hinweise zur Unterscheidung zwischen echten intuitiven Einsichten und dem »Wunschdenken«, das oft zu irrigen Entscheidungen mit unerwünschten Folgen führen kann.

Die nachfolgende Meditation ist eine Technik zum Entdecken des »inneren Zeugen«, aus dem wahre Intuition schöpft.

OSHOS WORTE

Es gibt ein Phänomen namens »Intuition«, von dem die meisten Menschen kaum eine Ahnung haben. Wir wissen nicht, dass es so etwas wie Intuition gibt und wie sie funktioniert.

Intuition ist ein völlig anders geartetes Phänomen als das rationale Denken, die Vernunft. Der logische Verstand überlegt, findet Argumente und gelangt durch Gedankenprozesse zu seinen Schlussfolgerungen. Die Intuition springt einfach dorthin. Ohne jeden Gedankenvorgang gelangt sie direkt zur Schlussfolgerung; sie bedarf keines Prozesses. Sie ist ein Quantensprung.

Es hat zahlreiche mathematisch begabte Menschen gegeben, die komplizierte mathematische Probleme oder komplexe Rechenaufgaben ohne Nachdenken oder schrittweise Herleitung lösen konnten. Ihre Funktionsweise war intuitiv.

In mathematischen Kreisen wurde lange herumgerätselt, wie solche außergewöhnlichen Phänomene möglich seien. Wie gelangen diese Rechen-Freaks so schnell zur Lösung? Wenn ein Mathematiker ein solches Problem lösen will, benötigt er dafür vielleicht drei Stunden oder zwei Stunden oder eine Stunde. Selbst Computer brauchen mindestens ein paar Minuten für die Lösung. Aber diesen Leuten nennt man nur die Aufgabe, und im selben Moment ...

In der Mathematik ist die Intuition inzwischen eine anerkannte Tatsache. Wenn der Intellekt scheitert, kann nur noch Intuition helfen. Die größten Wissenschaftler haben erkannt, dass ihre bahnbrechenden Entdeckungen nicht durch Logik, sondern durch Intuition passieren.

Madame Curie hatte drei Jahre lang an einem Problem gearbeitet und die Lösung von allen möglichen Seiten her zu finden versucht, doch jeder Ansatz scheiterte. Schließlich, als sie eines Nachts völlig erschöpft zu Bett ging, fasste sie einen Entschluss – ähnlich wie Buddha ... An jenem Abend beschloss sie: »Jetzt reicht es. Ich habe drei Jahre damit vertan; es macht keinen Sinn mehr. Ich gebe auf!« – In jener Nacht gab sie auf und legte sich schlafen.

Mitten in der Nacht erwachte sie aus dem Schlaf, ging an ihren Tisch und schrieb die Lösung nieder. Dann ging sie wieder zu Bett und schlief sofort ein. Am nächsten Morgen konnte sie sich an nichts mehr erinnern – aber da lag die Lösung, auf dem Tisch. Niemand sonst hatte das Zimmer betreten. Und selbst wenn jemand dagewesen wäre, hätte er unmöglich die Antwort geben können. Drei Jahre lang hatte sie daran gearbeitet – einer der genialsten Köpfe dieser Zeit. Doch es war sonst niemand dagewesen, und hier lag die Antwort! Dann schaute sie genauer hin: Es war ihre Handschrift. Und plötzlich tauchte ein Traum auf, den sie geträumt hatte. Sie erinnerte sich, als hätte sie in der Nacht geträumt, an dem Tisch zu sitzen und etwas aufzuschreiben. Nach und nach tauchte alles wieder auf. Sie war zu diesem Ergebnis durch eine andere Tür gelangt, nicht durch die Vernunft. Es war Intuition.

Doch zuerst musste der Verstand erschöpft aufgeben. Die Intuition funktioniert erst, wenn der Verstand an seine Grenzen gelangt ist und nicht mehr weiterweiß. Die Intuition braucht keinen Prozess; sie springt vom Problem einfach direkt zur Lösung. Es ist eine Abkürzung, ein Geistesblitz.

Wir haben die Intuition irregeleitet. Die Intuition des Mannes wurde fast völlig außer Kraft gesetzt. Die Intuition der Frau ist nicht so sehr verschüttet. Frauen haben oft ein gewisses Gespür, eine Art Vorahnung, einen leisen Verdacht. Eine Ahnung ist aber nur ein Fragment der Intuition. Die Frau kann nicht sagen, wie sie darauf kommt, dass sie etwas weiß; sie hat dafür keine Methode. Es ist nur so eine Ahnung, ein Kribbeln im Bauch. Aber selbst dieses ist so verschüttet, dass es nur blitzartig aufleuchtet. Wenn du die fixen Ideen aufgeben kannst, die man dir eingetrichtert hat – dass nur die Logik zu richtigen Schlüssen führe ... Erst wenn du diese festen Vorstellungen, diese Fixierung auf den Verstand über Bord geworfen hast, kann die Intuition aufblühen. Dann wird sie nicht nur ein kurzes Aufleuchten sein, sondern eine ständig verfügbare Quelle der Erkenntnis. Sobald du die Augen schließt und nach innen gehst, wirst du intuitiv immer die richtigen Hinweise erhalten.

Du kannst dich jederzeit in deine intuitive Energie begeben und wirst immer den richtigen Rat erhalten. Manche nennen es »innere Führung«. Im Osten nennt man es den »inneren Guru«, deinen inneren Meister.

Sobald deine Intuition zu funktionieren beginnt, brauchst du nicht mehr irgendeinen äußeren Guru um Rat fragen.

Intuition bedeutet, mit sich selbst im Einklang zu sein, völlig eins mit sich selbst. Und aus diesem Einssein tauchen die Lösungen wie aus dem Nichts auf.

DIE MEDITATION
ENTDECKE DEN ZEUGEN

»Diese Technik«, sagt Osho im *Buch der Geheimnisse*, »gehört zu den sehr tiefgehenden Methoden. Versuche, sie zu verstehen: ›*Die Aufmerksamkeit zwischen den Augenbrauen* …‹

Die moderne Physiologie, die wissenschaftliche Forschung sagt, dass sich zwischen den Augenbrauen eine Drüse befindet, die der mysteriöseste Teil des Körpers ist. Diese Drüse, genannt Zirbeldrüse, ist das ›Dritte Auge‹ der Tibeter – *Shivanetra*, das ›Auge Shivas‹, das tantrische Auge. Zwischen unseren zwei Augen existiert also ein drittes, das aber nicht aktiv ist. Es ist vorhanden und kann jederzeit in Funktion treten, aber es nicht von Natur aus aktiv. Man muss etwas dafür tun, damit es sich öffnet. Es ist nicht blind, es ist nur geschlossen. Diese Technik soll das dritte Auge öffnen.«

Die Technik

Schließe die Augen und richte beide Augen auf die Mitte zwischen den Augenbrauen; blicke mit geschlossenen Augen genau auf die Mitte, so als würdest du mit offenen Augen hinsehen. Richte deine ganze Aufmerksamkeit darauf.

Dies ist eine der einfachsten Methoden, um aufmerksam zu sein. Auf keinen anderen Teil des Körpers lässt sich die Aufmerksamkeit so leicht richten. Diese Drüse nimmt Aufmerksamkeit in sich auf wie sonst nichts anderes. Wenn du dich darauf fokussierst, werden deine beiden Augen vom dritten Auge hypnotisiert; sie werden starr, bewegungslos. Dich auf irgendeinen anderen Teil des Körpers zu konzentrieren, fällt schwerer. Dieses dritte Auge absorbiert Aufmerksamkeit, ja erzwingt sie. Es ist wie ein Magnet. Alle spirituellen Traditionen der Welt haben davon Gebrauch gemacht. Es ist die einfachste Methode zur Schulung der Aufmerksamkeit; denn nicht nur du bemühst dich um Aufmerksamkeit, die Drüse selbst hilft dir dabei. Sie ist wie ein Magnet.

Auf das dritte Auge konzentriert, wirst du plötzlich zum Zeugen. Durch das dritte Auge kannst du die Gedanken wie Wolken am Himmel sehen oder wie Passanten auf der Straße.

Du sitzt am Fenster und schaust in den Himmel oder siehst den Leuten auf der Straße zu. Du bist nicht identifiziert. Du hast Abstand, bist ein Beobachter auf dem Berg – unbeteiligt. Wenn jetzt die Wut kommt, kannst du sie wie einen Gegenstand betrachten. Jetzt hast du nicht das Gefühl, dass *du* die Wut bist. Du hast das Gefühl, von der Wut umgeben zu sein – eine Wolke von Wut hat sich um dich gelegt. Aber du bist nicht die Wut – und wenn du nicht die Wut bist, wird sie machtlos. Sie kann dich nicht berühren; du bleibst unberührt. Die Wut wird kommen und gehen, und du ruhst in deiner Mitte.

Dies kann auf zweierlei Art geschehen: Du wirst zum Beobachter und bist im dritten Auge zentriert ... Versuche, Zeuge zu bleiben. Egal, was passiert: Du versuchst, Zeuge davon zu sein. Du bist krank, der Körper schmerzt und tut weh, du leidest und fühlst dich elend. Egal, was es ist: Sei ein Zeuge. Was auch immer geschieht, sei nicht damit identifiziert. Sei Zeuge, sei ein Beobachter. Wenn das Zeugesein dann möglich wird, hast du deine Energie im dritten Auge konzentriert. Und zweitens ist es auch umgekehrt möglich: Wenn du deine Energie im dritten Auge konzentrierst, wirst du zum Zeugen. Diese beiden Dinge gehören zusammen.

Zitat des Tages

Sobald du anfängst, dein Leben in der Wahrheit und Authentizität deines ursprünglichen Gesichts zu leben, werden sämtliche Widrigkeiten nach und nach von dir abfallen, weil der innere Konflikt wegfällt und du nicht mehr gespalten bist. Dann redest du mit *einer* Stimme; dein ganzes Wesen wird zu einem Orchester.

– Osho

Notizen

12. TAG INTUITION – LERNEN VON INNEN

TAG 13

Meditation und Konditionierung

Im heutigen Programm erforschen wir die Frage der »Konditionierungen« (unserer Prägungen) und der Rolle, die sie in unserem Leben und für unser Selbstbild spielen. Osho betont immer wieder die Wichtigkeit, unsere Vergangenheit loszulassen. Er meint damit nicht, dass wir die faktische Geschichte von dem, was sich ereignet hat, aufgeben sollen. Vielmehr spricht er von den Prägungen, die unser Bewusstsein von Kindheit an erfahren hat – die »Programmierung«, wenn man so will, der wir alle unterworfen wurden. Diese Programmierung beginnt nahezu mit dem Zeitpunkt unserer Geburt. Sie stammt von unseren Eltern, unseren Freunden, unseren Lehrern – genau dem gesellschaftlichen Umfeld, in dem wir aufwachsen. Unsere Vorstellungen und Begriffe von Gut und Böse, Passend und Unpassend, Richtig und Falsch, Wahr und Unwahr, Wichtig und Unwichtig ... alle diese Dinge sind Bestandteil unserer Konditionierung.

Im folgenden Text fordert uns Osho auf, uns dieser Konditionierung allmählich bewusst zu werden. Zu verstehen, wie sie funktioniert und ihre Wirkungsweise in Aktion zu erkennen, während wir auf Situationen und Menschen in unserer Umgebung reagieren. Und uns letztendlich davon zu befreien, damit wir aufhören, »Humanoide« zu sein, wie Osho es nennt – von der Vergangenheit programmierte, menschenähnliche Roboter. Erst dann beginnt die Reise der Wiederentdeckung unserer Unschuld und Stille, die wir von Geburt mitbekommen haben – was die Zen-Leute »das ursprüngliche Gesicht« nennen.

OSHOS WORTE

Das Schwierigste im Leben ist es, sich von der Vergangenheit zu lösen – denn das Vergangene loszulassen bedeutet, sich von deiner eigenen Identität zu lösen, von deiner ganzen Persona. Es bedeutet, dich selbst loszulassen. Zunächst bist du nichts als deine Vergangenheit, nichts als die Summe deiner Prägungen. Die Konditionierung konnte so tief gehen, weil du von Anfang an geprägt wurdest. Die Konditionierung begann schon im ersten Moment deiner Geburt. Als du dann anfingst, wach und ein wenig bewusst zu werden, hatte die Konditionierung schon deinen Wesenskern erreicht. Solange du nicht bis ins Innerste deines Seins vordringst, das schon vor jeder Konditionierung existierte und davon unberührt blieb ... Solange du nicht zu dieser Stille und Unschuld zurückfindest, wirst du niemals erkennen, wer du bist.

Meditation bedeutet, in dein Innerstes vorzustoßen, bis in diesen innersten Wesenskern. Die Zen-Leute nennen es »das Erkennen des ursprünglichen Gesichts«.

Zuallererst muss aber die Konditionierung verstanden werden. Aufgrund dieser Konditionierung ist dir etwas Wesentliches, Natürliches, Spontanes verloren gegangen. Du bist kein Mensch mehr; du erscheinst nur so. Du bist ein »Humanoider«, eine Art Roboter, geworden.

Humanoid ist ein menschenähnliches Wesen, das unfähig ist, sich selbst zu erkennen. Es hat keine Ahnung, wer es in Wirklichkeit ist. Alle seine Vorstellungen von sich selbst sind geborgt; andere Humanoide haben sie ihm eingeimpft. Der Humanoide ist unfähig, eigene Absichten zu mobilisieren; er hat die Fähigkeit verloren, etwas zu wollen, zu sein. Er ist ein abhängiges, abnormes Phänomen; er hat seine Freiheit verloren. Darin besteht im Wesentlichen seine Psychopathologie, seine kranke Psyche.

Die ganze Menschheit ist heute psychopathologisch gestört. All die Leute, die dir normal vorkommen, sind überhaupt nicht normal. Die ganze Erde ist ein einziges großes Irrenhaus geworden. Weil aber diese ganze Erde ein Irrenhaus ist, kann man es kaum erkennen. Überall sind die Menschen genau wie du, also denkst du, du seist genauso normal wie sie.

Es ist äußerst selten, dass ein normaler Mensch auf dieser Erde vorkommt. Diese Welt lässt nicht zu, dass das Normale passiert.

Humanoid ist jemand, der keinen eigenen Willen hat, der sich stets nach äußeren Autoritäten richtet und immer jemanden braucht, der ihm sagt, was er tun soll.

Du bist aber geboren, um die Wahrheit zu erkennen; du bist dafür prädestiniert. Jedes Kind hat die Fähigkeit mitgebracht, mit der Existenz zu kommunizieren, seinen Willen zu gebrauchen – doch wir verhindern das. Eltern gestehen ihren Kindern keinen eigenen Willen zu.

Und dann die Lehrer ... sie werden von den Eltern und von der Gesellschaft engagiert, und sie stehen im Dienst der Vergangenheit. Nicht dir, dem Kind, dient dieses ganze Erziehungs- und Schulsystem, sondern der Vergangenheit, das darfst du nicht vergessen. Vom Kindergarten bis zur Universität stehen alle Lehrer und Professoren im Dienst der Vergangenheit. Sie haben dafür zu sorgen, dass die Vergangenheit fortgeführt wird. Sie sind nicht für dich da, um dir zu helfen. Sie sind dazu da, dich zu konditionieren.

Und dann die Priester und Politiker ... sie alle bemühen sich, dich zu konditionieren. Keiner von ihnen will, dass aus dir ein freier Mensch wird. Alle wollen, dass du ein Sklave bleibst, denn je mehr du ein Sklave bist, umso leichter bist du auszubeuten. Und wenn du den Führern, den Priestern und Pädagogen folgst, so hat man dir alle möglichen Bonbons versprochen, und es warten alle möglichen Belohnungen auf dich – im Diesseits und auch im Jenseits. So bleibt ein Mensch für den Rest seines Lebens ein von Tyrannen abhängiges, sogar nach Tyrannen rufendes Roboterwesen.

Es kann dich aber niemand dazu zwingen. Du musst also genug Mut aufbringen, diese Konditionierungen über Bord zu werfen. Dazu ist viel Mumm nötig.

Sobald du anfängst, deine Konditionierungen abzuwerfen, wirst du dir deiner Flügel gewahr. Diese Flügel können dich zur höchsten Wirklichkeit tragen – auf dem Flug vom Einzelnen zum All-Einen. Doch dorthin kommst du nur als unschuldiges Wesen – unkonditioniert, vollkommen unidentifiziert mit der Vergangenheit.

Das wird in deinem Leben der erste Akt der Freiheit sein. Und der erste Schritt ist schon die halbe Reise – die andere Hälfte geht ganz leicht, sie geschieht von allein.

DIE MEDITATION
WIRF ALLES RAUS!

Immer wenn du das Gefühl hast, dass der Verstand nicht zur Ruhe kommt – so gestresst, besorgt, plappernd, ängstlich, ständig träumend ist er –, dann tue eines: Atme zuerst tief aus. Beginne immer mit dem Ausatmen. Atme tief aus, so intensiv du nur kannst. Stoße die Luft aus, wirf sie raus. Und mit der Luft wirf auch deine Stimmung raus, denn Atmen ist das A und O.

Stoße den Atem so kräftig wie möglich aus. Dann ziehe den Bauch ein und halte ein paar Sekunden lang inne, ohne einzuatmen. Lass die ganze Luft draußen sein, warte ein paar Sekunden, ohne einzuatmen. Dann lass zu, dass der Körper wieder einatmet. Atme tief ein, so viel wie möglich. Und wieder hältst du für ein paar Sekunden inne. Die Pause sollte genauso lang wie beim Ausatmen sein – wenn du die Pause für drei Sekunden gehalten hast, dann halte auch jetzt den Atem für drei Sekunden innen. Wirf ihn raus und halte für drei Sekunden, nimm ihn rein und halte für drei Sekunden. Doch der Atem muss vollständig rausgeworfen werden. Atme total aus und atme total ein, im Rhythmus. Halte … dann atme ein … halte … dann atme aus. Halte – ein – halte – aus. Du wirst sofort spüren, dass eine Veränderung in dein ganzes Wesen tritt. Die alte Stimmung ist weg; ein neues Klima ist jetzt in dir.

Zitat des Tages

Die Gesellschaft kann keine Individualität zulassen, denn wer seine Individualität lebt, wird nicht gehorsam hinterherlaufen wie ein Schaf.
Die Schafe bleiben immer in der Herde, weil sie sich dort besser beschützt fühlen, und sicherer.
Nur Löwen streifen allein umher – und jeder Einzelne von euch wird als Löwe geboren, doch eure Konditionierung durch die Gesellschaft geht immer weiter. Sie programmieren euren *Mind*, ein Schaf zu sein.

– OSHO

Notizen

13. TAG MEDITATION UND KONDITIONIERUNG

TAG 14

*Wie man aufhört,
andere zu beurteilen*

Beim heutigen Thema hilft uns Osho zu verstehen, dass es am wichtigsten ist, zu sehen, *warum* man über andere urteilt und *wie* man urteilt.

Wenn du im gegenwärtigen Augenblick präsent bist, ohne Gedanken, und das Geschehen einfach wie ein Spiegel wahrnimmst, dann bist du im Zeugesein – einer passiven Wachheit, in der Urteilen unmöglich ist, weil Urteile nur durch den Vergleich mit früheren Erfahrungen und Bewertungen existieren können. Urteile haben ihren Ursprung immer in unseren *eigenen* Prinzipien, Überzeugungen, Einstellungen, Konzepten.

Denken ist nur möglich, wenn die Vergangenheit ins Spiel kommt – indem wir sie in die Gegenwart holen. Das ist ein aktiver Zustand, bei dem du etwas *machst*.

Das Zeugesein, wohlgemerkt, ist passive Wachheit und bedeutet, nicht zu urteilen. Du sollst also nicht mit: »Das ist gut, das ist schlecht« urteilen, denn in dem Moment, in dem du urteilst, bist du kein reiner Zeuge mehr. Sobald du sagst: »Das ist gut« oder: »Das ist schlecht«, bist du schon aus deinem passiven Zeugesein herausgeschlüpft und hast dich zum Richter gemacht.

Beachte auch, dass nicht nur jedes einzelne Wort eine Beurteilung darstellt, sondern auch die Sprache selbst mit Urteilen befrachtet ist und niemals unparteiisch sein kann. Sobald wir ein Wort verwenden, haben wir bereits ein Urteil gefällt und dem offenen Verstand ein Hindernis in den Weg gelegt.

In der heutigen Meditation entdecken wir eine einfache Atemtechnik, mit der wir Urteile rasch auflösen können.

OSHOS WORTE

»Wie kann man aufhören, über andere zu urteilen?«

Es ist nicht nötig, das Urteilen über andere aufzugeben oder damit aufzuhören; du musst nur verstehen, warum und wie du über andere urteilst.

Beurteilen kannst du immer nur das Verhalten, denn nur das Verhalten ist dir zugänglich. Den Menschen dahinter kannst du nicht beurteilen, denn der Mensch verbirgt sich hinter seinem Verhalten, der Mensch ist ein Mysterium. Du kannst zwar eine Handlung beurteilen, aber niemals das Wesen des Menschen.

Die Handlung ist jedoch unwesentlich. Es wäre nicht richtig, einen Menschen aufgrund seiner Handlungen zu beurteilen. Manchmal kommt es vor, dass jemand lächelt – die Handlung geschieht an der Oberfläche, aber tief im Inneren könnte die Person traurig sein. Vielleicht lächelt sie gerade deshalb, weil sie traurig ist: Sie möchte ihre Traurigkeit niemandem zeigen – wozu die eigenen Wunden nach außen tragen? Was bringt das schon? Es erscheint nur peinlich. Vielleicht lächelt der Mensch, weil er innerlich weint.

Als Erstes musst du also verstehen, dass du immer nur das äußere Verhalten betrachten kannst, aber das Verhalten verrät nicht viel. Alles, worauf es wirklich ankommt, ist der Mensch dahinter. Und über ihn weißt du gar nichts. Deine Urteile können völlig unzutreffend sein. Du kennst das von dir selbst: Wenn andere dich nach deinen Handlungen beurteilen, fühlst du dich fast immer falsch eingeschätzt. Dich selbst beurteilst du nicht nach deinen Handlungen, sondern nach deinem Wesen. So hat jeder das Gefühl, dass die Urteile anderer ihm nicht gerecht werden. Du fühlst, dass die Urteile ungerecht sind, weil nur du dein inneres Wesen kennst – und das Wesen ist solch ein großes Phänomen, und die Handlung ist so klein und unbedeutend. Sie legt gar nichts fest. Sie kann höchstens einen vorübergehenden Eindruck geben.

Du hast etwas zu jemandem gesagt, und er wurde böse – doch beurteile ihn nicht nach seinem Ärger, denn dieser könnte nur momentan

TAG 14 Wie man aufhört, andere zu beurteilen 155

aufgeflammt sein. Der andere ist vielleicht ein sehr liebevoller Mensch. Wenn du ihn nach seinem Zorn beurteilst, tust du ihm unrecht. Danach wirst du dein Verhalten ihm gegenüber von deinem Urteil über ihn abhängig machen und stets erwarten, dass dieser Mensch wieder wütend wird. Du hältst ihn einfach für einen zornigen Menschen und wirst ihn meiden. Damit verpasst du eine Gelegenheit! Beurteile nie jemanden nach seiner Handlung; das ist aber das Einzige, was dir zur Verfügung steht. Was also kannst du tun? »Richte nicht, auf dass du ...«

Werde dir mehr und mehr der Privatsphäre des Menschen, seines inneren Seins, bewusst. Jedes Wesen ist innerhalb der eigenen Seele so privat, dass es keine Möglichkeit gibt, dort einzudringen. Selbst wenn du liebst, bleibt etwas in deinem tiefsten Kern unerreichbar. Darin besteht die Würde des Menschen. Das meinen wir, wenn wir sagen, der Mensch habe eine Seele. Die »Seele« bezeichnet das, was niemals öffentlich werden kann. Etwas davon wird immer als ein Mysterium zutiefst verborgen bleiben.

Nur von außen können wir etwas beurteilen. Von außen betrachtet ist es aber immer unzutreffend.

Wenn du das immer wieder sehen kannst, wenn du es immer wieder verstehst und dem immer wieder auf den Grund gehst, brauchst du dein Beurteilen nicht aufzugeben – es hört von selbst auf.

Beobachte es einfach. Immer wenn du jemanden beurteilst, verhältst du dich töricht. Es trifft auf den Menschen überhaupt nicht zu; es kann nur auf die Handlung zutreffen. Und auch diese Handlung ist aus dem Zusammenhang gerissen, weil du das Leben dieses Menschen nicht als Ganzes kennst. Es ist, als würdest du eine Seite aus einem Roman herausreißen und sie lesen und danach den ganzen Roman beurteilen. Es kann so nicht stimmen – es ist aus dem Zusammenhang gerissen. Der Roman als Ganzes mag ein völlig anderes Bild geben. Vielleicht hast du einen negativen Teil daraus genommen, einen hässlichen Teil.

Du kannst das Leben eines Menschen nicht in seiner Gesamtheit kennen. Jemand hat schon vierzig Jahre gelebt, bevor du ihn triffst; diese vierzig Jahre sind als Kontext da. Und er könnte noch weitere vierzig Jahre leben, wenn du wieder fort bist. Der Kontext der vierzig Jahre existiert. Du hast diesen Menschen gesehen, in einer einzigen Situation, und daraufhin beurteilst du ihn – das ist nicht richtig. Es ist einfach dumm. Es hat überhaupt keine Relevanz, was den Menschen selbst angeht.

Dein Urteil sagt mehr über dich selbst aus als über den anderen. »Richte nicht, auf dass du nicht gerichtet werdest« – so sagt es Jesus. Dein Urteil enthüllt etwas über dich, nicht über die Person, die du beurteilt hast – denn ihre Geschichte bleibt dir verborgen, ihr wahres Wesen bleibt dir verborgen. Jeglicher Zusammenhang fehlt, da gibt es nur ein momentanes Aufblitzen. Deine Interpretation bleibt immer deine *Interpretation, und sie sagt etwas über* dich *aus.*

Wenn das gesehen wird, hört das Urteilen auf.

DIE MEDITATION
TRANSFORMIERE DAS URTEILEN

Osho sagt:

> »Immer wenn du ein mentales Muster verändern willst, das zu einer seit Langem bestehenden Gewohnheit geworden ist, geschieht das am besten durch Verändern deines Atems. Alle psychisch-mentalen Gewohnheiten hängen eng mit dem Atem zusammen. Sobald du dein Atemmuster veränderst, ändert sich unmittelbar auch dein Denken und Fühlen. Probiere es aus!«

Die Technik

Sobald du bemerkst, dass in dir ein Urteil aufsteigt und du der alten Gewohnheit folgen würdest, atme es sogleich aus – als wolltest du die Beurteilung beim Ausatmen hinauswerfen. Mache eine tiefe Ausatmung, ziehe dabei den Bauch ein, und während du die Luft ausstößt, fühle und visualisiere, wie du dein Urteil komplett hinauswirfst.

Dann nimm mit zwei oder drei tiefen Atemzügen frische Luft in dich auf und schau, was passiert: Du wirst dich total erfrischt fühlen; die alte Gewohnheit konnte nicht von dir Besitz ergreifen.

Beginne also mit dem Ausatmen, nicht mit dem Einatmen. Immer wenn du etwas loswerden willst, beginne mit dem Ausatmen und sieh, wie es sich unmittelbar auf deine Klarheit auswirkt. Und wenn du etwas aufnehmen willst, beginne mit der Einatmung.

Probiere es aus. Du wirst sofort bemerken, dass deine mentale und emotionale Verfassung (*Mind*) sich woanders hinbewegt hat. Eine frische Brise durchweht dich. Du bist nicht mehr im alten Fahrwasser, also wirst du die alte Gewohnheit nicht wiederholen. Das trifft übrigens auf alle Gewohnheiten zu. Wenn du zum Beispiel Raucher bist und den Wunsch verspürst, eine Zigarette zu rauchen … Wenn du das nicht willst, dann atme sofort mit einem tiefen Atemzug aus und werfe damit das Verlangen hinaus. Nimm einen frischen Atemzug – und du wirst sofort sehen: Das Verlangen ist weg.

Dies kann sich zu einem äußerst wichtigen Werkzeug für die innere Veränderung erweisen. Probiere es aus!

Zitat des Tages

Wenn kein Konflikt zwischen dir und dem Ganzen existiert, nicht ein Hauch von Konflikt – dann bist du gesund.
Ganz zu sein, heißt gesund zu sein.
Ganz zu sein, heißt heilig zu sein.
Und was ist der Weg, um heilig, gesund und ganz zu sein?
Dein Herz muss im gleichen Rhythmus schlagen wie das Herz des Ganzen.
Es ist ein großartiger kosmischer Tanz.
Es ist eine große Harmonie.

– Osho

Notizen

14. TAG WIE MAN AUFHÖRT, ANDERE ZU BEURTEILEN

TAG 15

Die Kunst des Zuhörens

Wir leben heute in einer Welt, in der viele Menschen sich geradezu überwältigt fühlen von der Geräuschkulisse, der wir pausenlos ausgesetzt sind – man könnte auch sagen: der Lärmverschmutzung. Oft sind die Töne und Geräusche so durchdringend und allgegenwärtig, dass wir sie schon gar nicht mehr wahrnehmen – das Verkehrsrauschen etwa, oder das Musikgedudel im Aufzug.

Osho redet oft vom »Zuhören« im Gegensatz zum bloßen »Hören«. Letzteres, so betont er, sei physiologisch bedingt und passiv, während richtiges *Zuhören* uns Präsenz und Gewahrsein abverlangt.

Unser Tagesprogramm über die Kunst des Zuhörens wird diese auditive Dimension von Meditation näher erforschen. Oshos Worte geben uns Hinweise, was richtiges Zuhören, »Lauschen«, bedeutet. Unsere heutige Meditationstechnik nimmt den Klang als Ausgangspunkt für mehr Gewahrsein.

OSHOS WORTE

Das Objekt ist irrelevant; nur das Subjekt der Wahrnehmung ist relevant. Ob du mir zuhörst oder einem Flötenspieler, ob du dem morgendlichen Gezwitscher der Vögel oder dem Rauschen eines Wasserfalls lauschst – du kannst dabei zu derselben Erfahrung gelangen: Wirkliches Zuhören führt dich in die totale Stille; im tiefen Lauschen verschwindest du. Das geschieht unabhängig davon, was du hörst; es hängt davon ab, wie du zuhörst. Die ganze Kunst besteht darin, wie man zuhört.

Wenn du richtig zuhören kannst – mit tiefer Empfänglichkeit, Empfindsamkeit, wirst du nicht mehr da sein. Dann gibt es keinen Zuhörer, nur das Zuhören. Und wenn der Zuhörer verschwindet, ist auch das Ego nicht mehr da. Da ist niemand, der zuhört – nur Lauschen. Dann dringt es bis in den innersten Kern deines Seins.

Wenn du mir vom Kopf her zuhörst, verfehlst du es. Wenn du dem Wasserfall zuhörst, ohne dass dein Kopf sich einmischt, kannst du es erleben. Es hat nichts damit zu tun, dass du mir zuhörst; es hat etwas mit dir zu tun, dem Zuhörenden. Was ich sage, ist dabei unwichtig; wer es sagt, ist unwichtig. Bei dem Ganzen geht es nur um eins: Bist du in tiefes Schweigen versunken, in diesem Moment nicht mehr vorhanden? Gewahrst du plötzlich, dass es dich gar nicht gibt, dass du eine tiefe Leere bist, pulsierend mit Leben – erfüllt, aber leer, eine ungeheure Stille, in der nicht der leiseste Hauch eines Gedankens sich regt? Dann gelangst du in eine Dimension, wo die Wahrheit dich durchdringen kann.

Bemühe dich also, ein Lauschender zu sein. Nur zu hören genügt nicht. Hören, das kannst du. Zuhören erfordert mehr Disziplin. Es ist die höchste Disziplin, die es gibt. Wenn du zuhören kannst, bist du befreit – in diesem Zuhören entdeckst du auf einmal dich selbst.

Was ich sage, erscheint paradox: Du verschwindest, und im Verschwinden findest du dich selbst. Du bist leer, und in der Leere taucht Fülle auf, die Erfüllung. Kein Gedanke ist da ... aber dann ist Verstehen. Und Liebe fließt, wie das Atmen ... ein, aus, ein, aus ... Du fängst an, dein Sein mit der Existenz um dich herum zu teilen. Der Teil ist nun nicht mehr getrennt – er pulsiert mit dem Ganzen. Du bist im Einklang mit dem Ganzen, tanzt nicht mehr aus der Reihe. Eine Harmonie hebt an – der Sphärenklang, die Musik der Sterne.

Nun bist du mit einem Mal offen. Aus sämtlichen Dimensionen strömt das Göttliche in dich hinein. Aber alles hängt davon ab, wie empfänglich und still du sein kannst. Die Qualität deines Zuhörens, darum geht es – nicht um das, was du hörst.

DIE MEDITATION
Finde dein Zentrum im MITTELPUNKT des Klangs

In der heutigen Meditation benutzt du den Klang, um dir des stillen und ruhigen inneren Ortes gewahr zu werden, der dein Zentrum ist.

Wo immer du jetzt gerade sein magst, bist du von Geräuschen umgeben. Töne und Geräusche, das wirst du finden, sind überall vorhanden: Am Arbeitsplatz, auf dem Weg zur Arbeit, wo auch immer du dich aufhältst, hörst du Geräusche … Töne, die von der Natur hervorgebracht werden, oder von den Menschen, oder von Maschinen.

Und Geräusche haben etwas ganz Eigentümliches an sich: Sobald Geräusche auftauchen, bist du der Mittelpunkt. Alle Töne kommen von überallher auf dich zu, aus allen Richtungen. Egal, wo du bist, immer bist du im Mittelpunkt der Geräusche, im Zentrum des Klangs.

Die Technik:

Schließe die Augen … und spüre, wie das ganze Universum voller Töne ist. Habe das Gefühl, als würde sich jeder Ton auf dich zubewegen, ganz so, als wärest du der Mittelpunkt.

Das ganze Universum rückt an den Rand, außen, und du bist der Mittelpunkt, innen – und alles bewegt sich auf dich zu, fällt zu dir hin … etwa wie das ständige Rauschen eines Wasserfalls.

Wenn du neben einem Wasserfall sitzt, schließe die Augen und fühle dich ganz von dem Geräusch umgeben, wie es von allen Seiten auf dich fällt, von allen Seiten einen Mittelpunkt in dir schafft. Oder probiere es auf einem Markt – ein Marktplatz ist dafür unvergleichlich, mit all seinen bizarren, aberwitzigen Geräuschen.

Aber fang bloß nicht an, über die Töne *nachzudenken:* »Diesen finde ich gut, aber den nicht; und dieser stört; aber das ist wunderbar, so harmonisch!« Bleib stattdessen mit dem *Mittelpunkt* in Verbindung. Du sollst keinesfalls über die Geräusche nachdenken, die auf dich zukommen, ob sie gut oder schlecht oder schön sind. Achte nur darauf, dass du im Mittelpunkt bist und diese Geräusche alle auf dich zukommen, jeder Ton, egal welcher Art.

Entspanne dich und lass alles in dich eindringen. Jetzt bist du entspannter, fließender, offener geworden …

Nun begleite die Töne und folge ihnen mit deiner Aufmerksamkeit bis zum Mittelpunkt, wo du sie hörst.

Sobald du dir des Zentrums gewahr wirst, wo jeder Ton tatsächlich gehört wird, verlagert sich plötzlich das Bewusstsein. In einem Moment hörtest du noch diese ganze von Tönen erfüllte Welt, und im nächsten Moment wendet sich dein Gewahrsein plötzlich nach innen und du vernimmst die Tonlosigkeit, das Zentrum des Lebens.

Wenn du einmal die Tonlosigkeit vernommen hast, kann dich kein Geräusch je stören. Töne kommen auf dich zu, erreichen dich aber nie. Der Klang kommt immer zu dir, kann aber niemals *dich* erreichen.

Es gibt einen Punkt, wo kein Ton eindringt. Dieser Punkt bist *du*.

Wenn dir diese Technik eine kleine Kostprobe vermittelt hat, kannst du sie jederzeit allein üben.

Zitat des Tages

Man muss keine Kathedralen und
großartigen Tempel errichten –
diejenigen, die Augen haben, finden in
diesem unermesslichen Sternenhimmel,
in dieser wunderbaren Erde den
allerherrlichsten Tempel.
Diese ganze Existenz ist ein einziges
Heiligtum.

— Osho

Notizen

15. TAG DIE KUNST DES ZUHÖRENS

TAG 16

Entspannung durch Achtsamkeit

Ein Schlüsselwort, das Osho zum Thema Entspannung vorschlägt, ist *Verstehen*. Während wir uns mit allen möglichen Hilfsmitteln um ein wenig Entspannung in unserem Leben bemühen – durch Fernsehen, einen Drink zum Feierabend, eine Urlaubsreise –, hilft uns Osho stattdessen zu verstehen, wie wir unseren Stress und all die Spannungen und Ängste selbst kreieren.

Warum haben wir so wenig Kontrolle über unseren eigenen Körper und unseren Verstand? Warum können wir uns nicht einfach ohne all diese äußeren Hilfsmittel entspannen? Osho geleitet uns Schritt für Schritt zu dem Verständnis, wie wir Entspannung von außen nach innen, von der Peripherie zum Zentrum, erlangen können.

Die heutige Meditationstechnik ist eine Methode, wie wir unser Kontrollbedürfnis – ein Hauptfaktor für Stress –, nach und nach abbauen und das »Loslassen« erlauben können.

OSHOS WORTE

»Kannst du noch mehr über Entspannung sagen? Ich bin mir einer tiefen Anspannung in meinem innersten Kern bewusst und habe den Verdacht, dass ich vermutlich noch nie total entspannt war.«

Totale Entspannung ist das Höchste.

Im Augenblick ist es dir noch nicht möglich, total entspannt zu sein. In deinem innersten Kern stehst du permanent unter Druck.

Aber fang einfach an, dich zu entspannen. Beginne mit der Peripherie, da wo du jetzt bist – denn wir können nur dort beginnen, wo wir sind. Entspanne dich an der Oberfläche deines Seins – entspanne dich in deinem Körper, im Verhalten, im Tun: Mache alles auf entspannte Weise: wie du gehst, wie du isst, wie du sprichst, wie du zuhörst ... Verlangsame jeden Vorgang; entschleunige dich. Hab keine Eile, vermeide jede Hast. Bewege dich so, als stünde dir die ganze Ewigkeit zur Verfügung.

Tatsächlich gibt es weder einen Anfang noch ein Ende. Wir waren immer schon hier und werden immer hier sein. Die Formen wandeln sich, aber nicht die Substanz; die äußere Hülle ändert sich ständig, aber nicht die Seele.

Anspannung bedeutet Eile, Angst, Zweifel. Anspannung bedeutet ein ständiges Bemühen, sich zu schützen, sicher zu fühlen, geborgen zu sein. Anspannung bedeutet, sich jetzt auf das Morgen vorzubereiten, oder auf das Leben nach dem Tod – aus Angst, dass du morgen vielleicht nicht in der Lage sein wirst, dich der Realität zu stellen; also bereite dich darauf vor! Anspannung bedeutet die Vergangenheit, die du nicht vollständig gelebt, sondern nur irgendwie hinter dich gebracht hast; sie klebt noch an dir, ein hängen gebliebener Rest, der dich umgibt.

Etwas Grundsätzliches über das Leben solltest du dir einprägen: Jede nicht gelebte Erfahrung bleibt an dir hängen; sie wird darauf bestehen: »Führe mich zu Ende! Lebe mich! Mache mich vollständig!«

Du wirst dich also von der Peripherie her entspannen müssen. Der erste Schritt besteht im Entspannen des Körpers. Erinnere dich so oft wie möglich daran, in den Körper hinein zu spüren, ob du irgendwo eine Anspannung in dir trägst – im Nacken, im Kopf, in den Beinen – und entspanne sie bewusst. Begib dich dort hinein, schließe die Augen, geh in diesen Körperteil und überrede ihn, indem du liebevoll zu ihm sagst: »Entspanne dich.«

Und du wirst überrascht sein: Wenn du dich liebevoll an irgendeinen Teil deines Körpers wendest, wird er dir zuhören und er wird dir folgen – denn es ist dein Körper. Begib dich innerlich mit geschlossenen Augen in deinem Körper von den Zehen bis zum Kopf und spüre die Stellen auf, wo du verspannt bist. Und dann sprich mit einer solchen Stelle, als würdest du mit einem Freund sprechen. Lass einen Dialog zwischen dir und deinem Körper entstehen. Sag ihm, er könne sich entspannen, sag ihm: »Hab keine Angst. Du hast nichts zu befürchten. Ich bin da und kümmere mich um dich – du kannst dich entspannen.« Nach und nach wirst du ein Gespür dafür entwickeln, und so wird der Körper sich allmählich entspannen.

Dann unternimm einen weiteren Schritt, ein bisschen tiefer: Sag nun dem Verstand, dass er sich entspannen kann. Und da der Körper auf dich gehört hat, wird auch der Verstand auf dich hören. Du kannst aber nicht gleich mit dem Verstand beginnen – du musst den richtigen Anfang machen; du kannst nicht in der Mitte anfangen. Viele Leute beginnen gleich beim Verstand und scheitern – aber nur, weil sie an der falschen Stelle angefangen haben. Alles muss in der richtigen Reihenfolge geschehen.

Wenn du es schaffst, den Körper willentlich zu entspannen, wirst du auch in der Lage sein, deinen Verstand dazu zu überreden, sich willentlich zu entspannen. Der Verstand ist ein komplizierteres Phänomen. Wenn du aber darauf vertrauen gelernt hast, dass der Körper auf dich hört, wird dein Vertrauen in dich selbst gestärkt sein. Nun wird auch der Verstand auf dich hören. Beim Verstand dauert es ein bisschen länger, aber es passiert.

Wenn sich der Kopf entspannt hat, fang an, auch dein Herz zu entspannen – die Welt deiner Gefühle und Emotionen, die noch komplizierter, noch subtiler ist. Aber jetzt wirst du vertrauensvoll, mit gestärktem Selbstvertrauen vorgehen. Jetzt weißt du, dass es möglich ist. Wenn es beim Körper und beim Verstand möglich war, wird es auch beim Herzen möglich sein. Und erst, wenn du diese drei Stufen durchlaufen hast, kannst du an die vierte herangehen. Nun kannst du dich an deinen innersten Wesenskern wenden, der jenseits von Körper, Verstand und Herz liegt – das innerste Zentrum deiner Existenz. Und auch dort wirst du dich entspannen können.

Diese Entspannung wird dir mit Sicherheit die größtmögliche Freude, die höchsten Gipfel der Ekstase, Hingabe und Akzeptanz bescheren. Dann wirst du von Glückseligkeit und Jubel erfüllt sein. Dein Leben wird zu einem Tanz.

DIE MEDITATION
LERNE DIE KUNST DES LOSLASSENS

Die beste Zeit für diese Meditation ist abends vor dem Schlafengehen.

Die Technik

Lege dich auf dein Bett ... und bevor der Schlaf kommt, fang an zu beobachten.

Halte die Augen geschlossen und bringe die Aufmerksamkeit in die Fußsohlen und beginne von dort, den ganzen Körper langsam nach verspannten Stellen abzuscannen. Wenn du auf eine Anspannung triffst, halte inne und warte darauf, bis Körper und Atem die Spannung freigeben und – dann lass los.

Setze das Scannen des Körpers fort, von den Füßen aufwärts zu den Oberschenkeln, dann zum Gesäß, und lass jede Anspannung los.

Achte darauf, dass du mit deiner Aufmerksamkeit überall dort verweilst, wo du eine Spannung im Körper aufspürst – so lange, bis du fühlen kannst, dass der Körper loslässt.

Richte dann deine Aufmerksamkeit auf den Bauch und entspanne ihn. Sodann geh nach oben in die Brust und die Schultern und entspanne den Brustkorb und die Schultern.

Als Nächstes entspanne Hals und Nacken. Geh mit deiner Aufmerksamkeit zu den Gesichtsmuskeln im Kiefer, am Kinn – und entspanne dort.

Dann bringe dein Gewahrsein in die Hände. Die Hände sind eng mit dem Mind verbunden. Spüre hinein, ob es in den Händen eine Anspannung oder ein Festhalten gibt, und während die Hände loslassen, entspannt sich auch der Verstand. Dann fühle das Gewicht der Hände, das Gewicht jedes einzelnen Fingers. ...

Wenn sich der Körper entspannt, ist auch der *Mind* entspannt. Der Körper ist gewissermaßen die Verlängerung des Verstandes. Die dynamische Beziehung zwischen Körper und Verstand zu verstehen, ist der Schlüssel zur Entspannung, zum Loslassen.

Zitat des Tages

Es wird uns immer nur ein Augenblick
auf einmal geschenkt.
Um richtig zu leben, muss man also
nur wissen, wie man den gegenwärtigen
Augenblick richtig lebt.
Man muss sich keine Gedanken über das
ganze Leben machen. Wenn du dich um
den gegenwärtigen Augenblick kümmerst,
kümmerst du dich schon um dein ganzes
Leben.
Alles Übrige fügt sich dann von selbst.

– Osho

Notizen

16. TAG ENTSPANNUNG DURCH ACHTSAMKEIT

TAG 17

Akzeptiere dich ganz und gar

Das heutige Programm handelt davon, welch schlechten Dienst wir uns selbst erweisen, wenn wir unsere Gefühle, Gedanken und Handlungen kritisieren. Wir zersplittern uns dadurch in viele Teile – von denen wir einige für wünschenswert halten, während wir andere als »schlecht« oder »verbesserungsfähig« verurteilen.

Osho zeigt auf, dass wir alle unsere Anteile akzeptieren und integrieren können: die guten und die schlechten, die lichten und die dunklen, die hohen und die niedrigen.

In der heutigen Meditation bringen wir uns selbst bei, auf eine andere Weise »das was ist« zu sehen. Wir üben uns darin, äußere Objekte mit einer anderen Qualität der Wahrnehmung in einer noch nie gekannten »Gesamtschau« zu betrachten.

OSHOS WORTE

»Kannst du mir etwas über das Akzeptieren sagen – wie kann ich akzeptieren lernen? Ich spüre, dass ein Teil von mir sich gegen das Akzeptieren wehrt. Ich würde gerne wissen, was dieser Anteil in mir ist, der sich so dumm anstellt. Gibt es einen Weg, diesen Anteil klarer zu erkennen?«

Zunächst musst du verstehen, was Akzeptieren bedeutet. Du sagst: »Kannst du mir etwas über das Akzeptieren sagen – wie kann ich akzeptieren lernen? Ich spüre, dass ein Teil von mir sich gegen das Akzeptieren weigert.« – Akzeptiere auch diesen Anteil, sonst verstehst du es noch nicht. Ein Teil von dir weigert sich. Akzeptiere auch jenen Teil, der sich weigert, sonst verstehst du es nicht. Lehne diesen Teil nicht ab, sondern akzeptiere auch ihn. Das heißt totales Akzeptieren: Du sollst auch den Anteil akzeptieren, der sich weigert.

Du sagst: »Ich würde gerne wissen, was dieser Anteil in mir ist, der sich so dumm anstellt.« In dem Moment, wo du ihn dumm nennst, hast du ihn schon abgelehnt. Weshalb nennst du ihn dumm? Wer bist du, dass du ihn als dumm bezeichnest? Er ist ein Teil von dir – warum spaltest du dich selbst in zwei Teile? Du bist ein ungeteiltes Ganzes. Alle diese Tricks, die du gelernt hast, um dich zu spalten, solltest du fallen lassen. Man hat dir beigebracht, dich selbst in einen göttlichen Teil und einen teuflischen Teil zu spalten – das Gute und das Böse, das Höhere und das Niedere.

Lass alle diese Kategorien fallen – das bedeutet Akzeptieren. Wenn etwas in dir so ist, dann ist es eben so – warum nennst du es dumm? Wer bist du denn, dass du es als dumm abklassifizierst? Nein, indem du es so nennst, hast du es bereits verurteilt.

Akzeptieren bedeutet, dass jede Verurteilung außer Frage steht. Was auch immer es ist – akzeptiere es! Das wird eine Transformation in deinem Sein bewirken. Nenne es nicht dumm, gib ihm nicht solche Bezeichnungen. Spalte dich nicht selbst, denn genau daraus bezieht das Ego seine Existenz. Es ist dein Ego, das diesen anderen Teil als »dumm« bezeichnet. Das Ego gibt sich immer viel intelligenter, verständnisvoller, großartiger – und fühlt sich berechtigt, seine Ablehnung fortzusetzen. Das Ego lehrt dich, den Körper abzulehnen, weil der Körper etwas Materielles ist – wo du so spirituell bist! Das Ego nutzt jede Gelegenheit, dir beizubringen, was alles nicht mit dir stimmt.

Aber so hat man es schon jahrhundertelang gemacht. Die Frommen aller Religionen machen das seit ewigen Zeiten und haben damit nichts Gutes erreicht. In Wahrheit haben sie damit die ganze Menschheit schizophren gemacht. Sie haben es geschafft, die Menschen in viele Teile zu zersplittern. Darum gibt es in dir so viele Schubladen von »gut« und »schlecht«: Liebe ist gut, aber Hass ist schlecht, Mitgefühl ist gut, aber Wut ist schlecht.

Wenn ich sage: »Akzeptiere.«, meine ich, dass du alles akzeptieren sollst und dieses ganze Schubladendenken aufgeben musst. Werde ein geeintes Ganzes, und alles ist gut. Auch die Wut spielt ihre Rolle, auch der Hass wird gebraucht. Tatsache ist, dass all das, was du in dir findest, gebraucht wird – vielleicht in einer etwas anderen Anordnung, das ist alles. Aber nichts davon sollte verleugnet oder abgelehnt werden. Und hör auf, irgendetwas an dir dumm zu nennen.

Du fragst: »Gibt es einen Weg, diesen Teil von mir klarer zu erkennen?« – Wozu? Kannst du es nicht akzeptieren, dass etwas in dir verborgen bleibt? Kannst du nichts Dunkles in dir akzeptieren? Auch in dir gibt es Tag und Nacht – manches ist im Licht, anderes im Dunkel. So muss es sein, sonst würdest du nur an der Oberfläche leben und keine Tiefe in dir haben.

Die Tiefe muss im Dunkeln liegen. Würde ein Baum sagen: »Ich will meine Wurzeln ans Licht bringen«, so würde er sterben. Die Wurzeln können nur in tiefer Dunkelheit, in der lichtlosen Erde verborgen existieren. Es besteht keine Notwendigkeit, sie nach oben, ans Licht zu bringen. Wenn du sie nach oben holst, wird der Baum sterben. Du brauchst einen dunklen Teil in dir ebenso, wie du auch einen lichten Teil in dir brauchst.

Sage niemals »dumm« zu irgendeinem Teil von dir.

Kämpfe nicht. Lass alles so sein. Das bedeutet Akzeptanz – Loslassen. Lebe so, als wärest du schon komplett im Ruhestand: Du lebst, du handelst, aber du tust die Dinge auf natürliche, spontane Weise. Du lässt sie geschehen. Wenn dir danach ist, tust du etwas; wenn dir nicht danach ist, tust du es nicht. So kommst du nach und nach in Einklang mit der Natur, wirst immer natürlicher.

DIE MEDITATION
SCHAUE EINEN GEGENSTAND ALS GANZES AN

Gewöhnlich schauen wir auf Teile, geben diesen Teilen einen Namen und beurteilen sie. Wenn wir zum Beispiel jemanden anschauen, fällt uns vielleicht zuerst das Gesicht auf, dann das Haar, der Rumpf. Wir finden eine Person »mager«, eine andere »dick«. Ein Gesicht wirkt auf uns warm und einladend, ein anderes zornig oder kalt.

Diese Meditation stammt aus einem sehr alten Text, der als *Vigyan Bhairav Tantra* bekannt ist und von Osho im *Buch der Geheimnisse* im Detail beschrieben wird. Sie soll uns helfen, die Gewohnheit abzulegen, Dinge und Menschen ständig in Einzelteile und Kategorien zu zerlegen und benennen, statt uns selbst und andere in unserer reinen Form zu erleben, die immer ungeteilt und ganz ist.

Die Technik

ERSTER SCHRITT: *Schau auf eine Schale, ohne auf ihre Seiten oder ihr Material zu sehen.*

Diese Technik schlägt eine Schale vor, man kann aber jedes beliebige Objekt dafür nehmen. Hier geht es darum, eine andere Art des Schauens zu entdecken.

Versuche es: Schau dir ein Ding, zum Beispiel eine Schale, so an, dass du zuerst deinen Blick von einem Detail zum anderen schweifen lässt. Dann schau plötzlich auf das Ding als Ganzes, ohne es aufzuteilen. Zunächst wird dir auffallen, dass sich die Augen nicht zu bewegen brauchen, wenn du das Objekt als Ganzes betrachtest. Der zweite Teil der Anleitung lautet, das Objekt anzuschauen, »ohne das Material zu sehen«. Wenn die Schale aus Holz ist, benenne und kategorisiere nicht das Holz. Schau die Schale, das Objekt, nur als Form an. Achte nicht auf den Stoff, aus dem sie besteht.

Warum? Weil Stoff die materielle Seite ist, Form die spirituelle Seite, und diese Technik dich vom Materiellen zum Nichtmateriellen hinführt. Der Gegenstand mag aus Gold sein, oder aus Silber – achte nicht auf den Stoff, aus dem sie gemacht ist, nur auf die Form. Eine Form ist lediglich Form; du kannst nicht über sie nachdenken. Wenn sie aus Gold ist, kannst du vielerlei denken: Wie schön sie ist, man könnte sie vielleicht stehlen. Oder wenn man Geld braucht, könnte man sie auch verkaufen – und schon denkst du über den Preis nach ... viele Dinge sind möglich.

Du kannst es mit jedem beliebigen Objekt versuchen, und wenn du allmählich den Dreh herausbekommst, kannst du es auch mit einer Person versuchen. Da steht irgendein Mann oder eine Frau ... Schau hin und nimm den Mann oder die Frau als Ganzes total in deinen Blick auf, restlos. Es wird anfangs ein komisches Gefühl sein, weil du es nicht gewohnt bist, andere so wahrzunehmen. Denke nicht darüber nach, ob der Körper schön ist oder nicht, weiß oder schwarz, Mann oder Frau. Denke überhaupt nicht; schau nur auf die Form. Vergiss die Substanz und schau nur auf die Form.

ZWEITER SCHRITT: *Werde in wenigen Augenblicken bewusst.*

Schau weiterhin auf die Form als Ganzes. Erlaube den Augen keinerlei Bewegung. Fang nicht an, über das Material oder die einzelnen Bestandteile nachzudenken.

Was wird geschehen? Dir wird plötzlich dein Selbst bewusstwerden. Durch die Art des Schauens wirst du dir deiner selbst bewusst. Wie kommt das? Den Augen wurde die Möglichkeit genommen, außen umherzuschweifen. Durch das Wahrnehmen der Form als Ganzes können sie nicht zu den Bestandteilen wandern. Das Material wird außer Acht gelassen, der Blick beschränkt sich auf die reine Form. Es besteht keine Möglichkeit, von einem Teil zum anderen weiterzuwandern. Eine Form ist reine Form; du kannst nicht über sie nachdenken.

Bleib beim Schauen des Ganzen und der Form. Plötzlich wirst du dir deiner selbst bewusst, weil die Augen sich jetzt nicht bewegen können; sie brauchen aber Bewegung, das ist ihre Natur. Also wird dein Blick sich dir selbst zuwenden. Er wird zu dir zurückkommen, wird nach Hause zurückkehren – und mit einem Mal wirst du dir gewahr, wer du bist.

Dieses Gewahrwerden deines Selbst gehört zu Momenten der höchsten Ekstase. Wenn du dir zum ersten Mal deiner selbst gewahr wirst, überkommt dich eine solche Schönheit und Seligkeit, dass es mit nichts anderem vergleichbar ist, was du bisher kennengelernt hast. Zum ersten Mal *wirst* du tatsächlich zu deinem Selbst. Zum ersten Mal *weißt du, dass du bist.* Dein Sein wird dir blitzartig offenbart.

Zitat des Tages

Vertrauen heißt nicht, dass alles gut wird.
Vertrauen heißt, dass alles schon gut *ist*.
Vertrauen kennt keine Zukunft; Vertrauen kennt nur die Gegenwart.
In dem Moment, in dem du an die Zukunft denkst, hat sich das Misstrauen schon eingeschlichen.

— Osho

Notizen

TAG 17 AKZEPTIERE DICH GANZ UND GAR

TAG 18

Sex, *Liebe und Meditation*

Osho redet von Sexualität als einem einfachen biologischen Phänomen. Dem Sex sollte keine übergroße Wichtigkeit in unserem Leben gegeben werden, weil diese Energie sich auf verschiedenen Ebenen ausdrückt, deren höchste Bedeutung darin liegt, dass sie durch Gewahrsein in höhere, spirituelle Dimensionen transformiert werden kann: vom Sex über Liebe und Mitgefühl bis hin zum kosmischen Bewusstsein. Der Weg, um Sex zu einer spirituellen Erfahrung zu machen, sagt Osho, besteht darin, ihn mit weniger Ernsthaftigkeit, mehr spielerisch zu betreiben.

Sex ist ein subtiles, kompliziertes Thema. Schon allein das Wort ist aufgrund unserer religiösen und kulturellen Konditionierung überfrachtet. Allerdings wird das Leben selbst aus dem Sex geboren. Sex durchdringt sämtliche Aspekte unseres Lebens.

Osho hat gesagt:

»Solange ihr nicht mit etwas in Verbindung kommt, das über den Verstand hinausgeht, wird Sex in der einen oder anderen Form fortbestehen. Und da er weiterbestehen wird, ist es besser, wenn er auf natürliche, biologische Weise gelebt wird.

Lust ist die niedrigste Form der Sexenergie, Liebe die höchste Form. Solange aus Lüsternheit nicht Liebe wird, gelangt ihr nicht zum Ziel.

Sex ist wunderschön. Sex an sich ist ein natürliches, rhythmisches Phänomen. Nur durch Sex existiert überhaupt das Leben. Sex ist die Brücke, das Medium. Wenn du das Leben verstehst, wenn du das Leben liebst, dann wird dir klar sein, dass Sex etwas Heiliges, Göttliches ist. Dann wirst du Sex leben, wirst ihn genießen, und eines Tages wird er – so natürlich, wie er einst in dein Leben trat – von selbst wieder verschwinden.«

OSHOS WORTE

Der Mensch hat drei Funktionsebenen: Körper, Geist und Seele. Alles, was du tust, kannst du auf drei verschiedene Arten tun: vom Körper her, vom Geist her oder von der Seele her. Und dementsprechend kann alles, was du tust, drei unterschiedliche Qualitäten aufweisen. So gesehen, ist Sex Liebe auf der körperlichen Ebene, ist romantische Liebe Sex auf Verstandes- und Gefühlsebene (Mind), ist Mitgefühl Liebe auf der Seelenebene. Die Energie dafür ist aber dieselbe. Die Liebesqualität unterscheidet sich in ihrer Tiefe und Dimension, doch es ist ein und dieselbe Energie.

Wer seine Liebe nur durch den Körper lebt, wird ein recht armseliges Liebesleben haben, weil er nur an der Oberfläche lebt. Sexualität, die nur über den Körper ausgelebt wird, ist noch nicht einmal Sex – es ist pure Lüsternheit, biologische Geilheit. Sie wird schnell pornografisch, ein wenig obszön, brutal und hässlich, denn ihr fehlt jede Tiefe. In dieser Form ist der Geschlechtsakt lediglich eine körperliche Energieentladung. Das mag zwar helfen, den Stress ein wenig abzubauen, aber nur dafür, dass man sich ein bisschen entspannen kann, wird enorm viel Energie verschwendet, ungeheuer wertvolle Lebensenergie.

Wenn Sex zu Liebe wird, verlierst du keine Energie; dann wirst du im Liebesakt auch Energie gewinnen. Beschränkt auf die physische Ebene, ist Sex nur ein Verlust, reine Energieverschwendung. Sex dient dann als Sicherheitsventil des Körpers: Wenn die Energie zu viel wird und man nicht weiß, wohin damit, schleudert man sie einfach raus. Man fühlt sich entspannt, weil man die Energie abgebaut hat. Eine Art Ruhe stellt sich ein, weil du die rastlose Energie losgeworden bist – doch du bist ärmer geworden, bist leerer geworden als vorher.

Wenn sich das immer und immer wiederholt, wird dein ganzes Leben nur darin bestehen, routinemäßig deine Energie aufzubauen – durch Essen, Atmen, Sport –, um sie dann einfach zu verschleudern. Das erscheint absurd. Zuerst isst du, atmest du, trainierst du und baust mühsam deine Energie auf, und dann weißt du nicht, was du damit anfangen sollst – und wirfst sie einfach weg. Wie absurd ist das denn? Auf diese Weise wird Sex schnell zu einer sinnlosen Betätigung. Ein Mensch, der Sex nur wie einen Sport betreibt und die tiefere Dimension der Liebe nie kennengelernt hat, wird wie ein Automat … Sein Liebesleben besteht nur in einer mechanischen Wiederholung desselben Geschlechtsakts, immer wieder und wieder und wieder.

Das passiert im Westen. Die Leute lassen den Sex hinter sich, aber nicht, weil sie sich in Richtung Liebe, in Richtung Mitgefühl entwickeln. Und nicht, weil sie in ihrem Inneren die ersehnte Erfüllung finden. Die Leute gehen in einem negativen Sinn über den Sex hinaus. Sex ist absurd geworden; sie sind damit fertig. Nun suchen sie nach etwas anderem. Deshalb sind die Drogen so wichtig geworden. Sex ist am Ende – das war die älteste Droge, das natürliche LSD. Jetzt ist es damit vorbei, und die Leute wissen nicht, was sie als Nächstes tun sollen. Die natürliche Droge Sex ist nicht mehr so attraktiv, sie sind dessen überdrüssig geworden. Darum werden chemische Drogen, LSD, Marihuana, Psilocybin und andere Substanzen wichtiger.

Im Westen ist es heute unmöglich, die Menschen von den Drogen abzuhalten. Wenn nicht eine Entwicklung einsetzt, dass der Sex mehr Tiefgang bekommt und in Liebe transformiert wird, gibt es keinen Ausweg. Die Leute werden sich notgedrungen den Drogen zuwenden. Selbst wenn sie sich dagegen sträuben, werden sie zwangsläufig in diese Richtung gehen, weil die alte Droge Sex nicht mehr funktioniert. Nicht, dass sie nicht funktionieren könnte, aber die Menschen haben zu oberflächlich gelebt. Sie sind einfach nie in das Mysterium der Sexualität eingedrungen.

Bestenfalls kennen die Menschen etwas von dem, was sie »romantische Liebe« nennen – aber selbst das ist keine Liebe, sondern nur unter-

drückter Sex. Wenn man keine Möglichkeit für sexuellen Kontakt hat, wird die unterdrückte Energie sich in Liebesfantasien äußern. Dann verlagert sich diese unterdrückte Energie mehr und mehr in den Kopf; sie wird zerebral. Wenn sich die Sexualität von den Genitalien in den Kopf verlagert, entstehen Liebesfantasien. Romantische Liebe ist eine Pseudoliebe, keine wirkliche Liebe. Sie ist unecht, eine falsche Münze. Im Grunde ist es wieder der gleiche Sex, aber nur, weil es an Gelegenheit mangelt.

In früheren Zeiten lebten die Menschen viel in der romantischen Liebe, weil Sex nicht leicht zu haben war. Es war äußerst schwierig, weil die Gesellschaft so viele Hindernisse in den Weg legte. Sex war so schwer zu bekommen, dass die Menschen ihn unterdrücken mussten. Die unterdrückte Energie stieg ihnen in den Kopf und wurde zu Poesie, Malerei und romantischer Schwärmerei. Man konnte seine Träume haben, wunderschöne Traumfantasien.

Im Westen ist diese Romantik verschwunden, weil Sex verfügbar wurde. Dank Freud erlebte der Westen eine große sexuelle Revolution. Diese Revolution hat alle Barrieren, Hindernisse und Unterdrückungen der Sexenergie beseitigt, sodass Sex heute leicht zu haben ist. Das ist nicht mehr das Problem.

Sex ist so leicht zu bekommen, mehr als gebraucht wird – das wurde zum Problem. Die romantische Liebe ist verschwunden. Jetzt wird im Westen keine Liebeslyrik mehr verfasst. Wer schreibt denn heute noch Liebesgedichte? Sex ist überall auf dem Markt erhältlich, wer macht sich darüber noch Gedanken? Man braucht ihn nicht ins Denken zu verlagern.

Die romantische Liebe ist das Gegenstück zum körperlichen Sex, seine unterdrückte Kehrseite. Das ist keine Liebe. Beides ist krank. Was ihr Sex nennt – Lüsternheit und romantische Liebe –, sind krankhafte Zustände. In der Lüsternheit dominiert der Körper; in der romantischen Liebe dominiert die Fantasie. Beides ist nur ein Fragment.

Nur wenn Körper und Psyche zusammenfinden, entsteht Liebe. Liebe ist gesund, denn in der Liebe kommen Körper, Denken und Fühlen zusammen: Ihr verschmelzt zu einer Einheit, werdet mehr wie eins. Dass du den anderen liebst, ist die Hauptsache, und Sex ist eher eine Begleiterscheinung, nicht umgekehrt. Du liebst den anderen so sehr, dass eure Energien tief miteinander verschmelzen. In seiner Gegenwart fühlst du dich gut, seine Präsenz erfüllt dich so sehr – es macht dich vollständig und ganz. Die Liebe ist wie eine Dreingabe.

Dann steht Sex nicht im Mittelpunkt, sondern die Liebe. Sex passiert eher am Rande. Ja, natürlich wollt ihr euch gelegentlich auch körperlich begegnen, aber ihr lechzt nicht danach. Es ist keine Besessenheit, einfach nur ein Teilen der Energie. Das Grundgefühl ist sehr tief, darum stimmt auch das sexuelle Drumherum. Wenn das Zentrum stimmt, stimmt auch die Peripherie; ohne Zentrum wäre es nur Geilheit. Ohne den Sex als Peripherie, nur mit der Liebe im Zentrum, ist es romantische Liebe. Wenn aber Peripherie und Zentrum beide zusammenspielen, entsteht eine innige Verbindung von Körper und Mind. Dann begehrst du nicht bloß den Körper des anderen, du begehrst sein ganzes Wesen – dann ist es Liebe, eine gesunde Liebe.

Geilheit und Liebesromantik sind beides krank, ungesund. Sie sind eine Art Neurose, weil sie eine Spaltung in dir erzeugen. Liebe ist Harmonie. Du liebst nicht nur den Körper des anderen, sondern sein tieferes Sein; seine Präsenz ist es, die du liebst. Du benutzt den anderen nicht als Mittel zur Entspannung. Du liebst diesen Menschen. Er – oder sie – ist für dich kein Objekt, kein Mittel zum Zweck. Diese Person ist für dich liebenswert, um ihrer selbst willen. Eine solche Liebe ist gesund.

Dann gibt es aber noch eine weitere Tiefe, die ich »Mitgefühl« nenne. Wenn Körper, Geist und Seele in dir zusammenfinden, wirst du zu einer großen Einheit, zu einer Dreifaltigkeit – Trimurti. Alles, was in dir ist – von der Oberfläche bis zur tiefsten Tiefe – vereinigt sich dann zu einem großen, harmonischen Ganzen. Dazu gehört auch deine Seele als Teil deiner Liebe. Natürlich ist Mitgefühl nur durch tiefe Meditation möglich.

Sexualität ist möglich ohne jedes Verständnis, ohne Meditation. Liebe ist nur möglich, wenn Verständnis vorhanden ist. Mitgefühl ist nur möglich mit Verständnis und Meditation, Verstehen und Gewahrsein. Nicht nur, dass du den anderen verstehst und achtest: Ihr seid bis zum tiefsten Kern eures Seins vorgedrungen. Wenn du deinen tiefsten Kern wahrnehmen kannst, wirst du auch den tiefsten Kern im andern sehen können. Dann existiert der andere nicht mehr nur als Körper oder als Mind, sondern auch als Seele. Und Seelen sind nicht getrennt. Deine Seele und meine Seele sind eins.

Diese dritte Stufe nenne ich heilig, weil sie das Ganze umfasst. Das ist nur möglich, wenn jeder sich individuell bemüht. Meditation wird dich zum Mitgefühl führen. Buddha hat gesagt: »Wenn ihr meditiert, entsteht automatisch das Mitgefühl.«

DIE MEDITATION
TRANSFORMIERE DIE SEXUELLE ENERGIE

Alles hat seine eigene, richtige Zeit, sagt Osho: *»Jede Angelegenheit muss im richtigen Moment erledigt werden. Wenn du jung bist, habe keine Angst vor der Liebe. Wenn du vor der Liebe Angst hattest, als du noch jung warst, wird es dir im Alter nachhängen. Dann wird es schwierig sein, eine tiefe Liebe zu erleben, und dein Denken wird davon besessen sein.«*

Außerdem betont er: *»Sex ist ein chemischer Vorgang. Im Körper werden bestimmte Hormone ausgeschüttet, die euch in eine gewisse illusorische Euphorie versetzen – für einige kurze Augenblicke, in denen ihr euch himmelhochjauchzend fühlt.«*

Und er warnt: *»Doch wenn ihr beim Sex stehenbleibt, werdet ihr nur eure Energie verschwenden. Mit der Zeit wird eure ganze Lebensenergie ausgelaufen sein, und zurück bleibt eine leblose Hülle.«*

Die Technik

Wenn sich in dir das sexuelle Begehren regt, schließe die Augen und werde meditativ. Bringe deine Aufmerksamkeit nach unten zum Sexzentrum, wo du die Erregung, das Pulsieren, den Kick verspürst. Verweile dort und sei ein stiller Beobachter. Bleibe Zeuge davon und verurteile nichts. Sobald du etwas verurteilst, gehst du weit davon weg. Und gib dich nicht dem Genuss hin, denn sobald du es genießt, wirst du unbewusst. Bleibe einfach aufmerksam und wach wie ein brennendes Licht in dunkler Nacht. Bringe dein ganzes Bewusstsein dorthin, ohne Flackern, ohne Zittern. Unentwegt beobachtest du, was im Sexzentrum geschieht. Was ist diese Energie?

Sei gewahr, wie sich eine Energie in der Nähe des Sexzentrums regt. Ein wohliges Gefühl, ein Kitzel – beobachte es einfach. Es hat eine völlig neue Energiequalität – du spürst, wie die Energie aufsteigt und einen Weg in dir findet. Und in dem Moment, wo sie aufsteigt, wirst du fühlen, wie eine Kühle auf dich herabsinkt, eine Stille dich umgibt, eine Seligkeit, ein Segen von oben, eine Art von Gnade, wie ein himmlisches Geschenk, das dich einhüllt. Es hat aufgehört, wie ein schmerzhafter Stachel zu sein. Es tut nicht mehr weh und fühlt sich sehr angenehm an, wie Balsam. Und je mehr du dir dessen bewusst bist, umso höher wird es steigen. Es kann sogar bis zum Herzen aufsteigen, was nicht so schwierig ist – nicht einfach, aber auch nicht allzu schwierig. Wenn du aufmerksam bleibst, siehst du, wie es beim Herzen ankommt. Wenn es das Herz erreicht, wirst du zum ersten Mal wissen, was Liebe ist.

Zitat des Tages

Während ihr euch liebt, ist deine Frau wirklich präsent? Ist dein Mann wirklich präsent? Oder vollzieht ihr nur ein Ritual – etwas, das getan werden muss, wie eine Pflicht, die erfüllt werden muss? Wenn du eine harmonische Beziehung haben willst … wirst du lernen müssen, meditativer zu sein.
Liebe allein genügt nicht. Liebe allein ist blind; Meditation gibt ihr Augen. Meditation gibt ihr Verstehen. Und erst, wenn eure Liebe beides ist: Liebe ebenso wie Meditation, werdet ihr zu Weggefährten.
Dann ist es keine gewöhnliche Beziehung mehr … Dann wird es zu einer Freundschaft auf dem Pfad zur Entdeckung der Mysterien des Lebens.
– Osho

Notizen

18. TAG SEX, LIEBE UND MEDITATION

TAG 19

Leben in der Freude

»Das Streben nach Glück«, sagt Osho, »ist ein Grundrecht, wie es in der Verfassung der Vereinigten Staaten niedergelegt ist. Sie besagt, dass das Streben nach Glück das Geburtsrecht des Menschen ist. Wenn das Streben nach Glück das Geburtsrecht der Menschheit ist, wie steht es dann mit dem Unglück? Wessen Geburtsrecht ist das Unglück? Wer nach Glück verlangt, verlangt gleichzeitig nach Unglück – ob ihm das bewusst ist oder nicht, spielt keine Rolle. Es ist die Schattenseite.«

Hier spricht Osho nun von einer anderen Dimension – einer spirituellen Dimension des Glücks, und er nennt sie »Freude«. Freude ist unabhängig von dem, was außen geschieht; sie ist eine innere Qualität, die es zu entdecken gilt.

Nach der heutigen Meditation experimentieren wir mit einer Technik, mit der wir in uns bewusst Raum für die Freude schaffen und uns wieder mit unserer angeborenen Fähigkeit, Freude zu erfahren, verbinden. Diese Meditation baut auf der Technik auf, die wir am 17. Tag kennengelernt haben, und führt sie noch weiter.

OSHOS WORTE

Freude ist kein Glücksgefühl, denn Glücklichsein ist immer vermischt mit Unglücklichsein. Glücksgefühle sind nie rein, sie sind immer getrübt. Glücksgefühle ziehen immer einen langen Schatten von Leiden nach sich. So wie dem Tag die Nacht folgt, so folgt dem Glücklichsein das Unglücklichsein.

Was ist nun Freude? Freude ist ein Zustand von Transzendenz. Man ist weder glücklich noch unglücklich, aber vollkommen friedlich und ruhig, absolut im Gleichgewicht. Man ist so still und so lebendig, dass diese Stille singt, und ihr Singen ist nichts als Stille. Die Freude ist ewig, das Glücksgefühl vorübergehend. Das Glücksgefühl hat eine äußere Ursache, daher kann es auch von außen wieder genommen werden. Um glücklich zu sein, bist du von anderen abhängig, und jede Abhängigkeit ist unschön, jede Abhängigkeit ist eine Fessel. Freude entsteht innen; sie hat nichts mit dem Außen zu tun. Sie ist nicht von anderen verursacht; sie hat überhaupt keine Ursache. Freude ist der spontane Fluss deiner Lebensenergie.

Wenn deine Energie ins Stocken gerät, gibt es keine Freude. Wenn deine Energie zu einem Fließen, einer Bewegung, einem Strom wird, herrscht große Freude – aus keinem anderen Grund, als dass du durchlässiger, fließender, lebendiger geworden bist. Ein Lied in deinem Herzen wird geboren, eine große Ekstase hebt an.

Es kommt überraschend, wenn sie anhebt, denn du findest dafür keinen Grund. Es ist die mysteriöseste Erfahrung im Leben – etwas, das nicht verursacht ist, das jenseits des Gesetzes von Ursache und Wirkung liegt. Es bedarf keiner Ursache, denn es entspricht deiner ureigensten Natur – du bist damit auf die Welt gekommen. Es ist dir angeboren; das bist du in deiner Totalität, im Fluss.

Immer wenn du im Fluss bist, fließt du in Richtung Meer. Das ist die Freude: der Tanz des Flusses, der sich in Richtung Meer bewegt, um dem oder der göttlichen Geliebten zu begegnen. Ist dein Leben aber ein vor sich hin dümpelnder Teich, wirst du langsam absterben. Du bewegst dich nirgendwohin – kein Meer, keine Hoffnung. Doch wenn du im Fluss bist, rückt das Meer in jedem Augenblick näher, und je näher du ihm kommst, umso mehr tanzt der Fluss, umso mehr ist er in Ekstase.

Lebe in der Freude ... Lebe in deinem ureigenen, innersten Wesen, mit absoluter Bejahung deiner selbst. Versuche nicht, dich nach den Vorstellungen anderer zu manipulieren. Sei einfach du selbst, dein echtes, authentisches Wesen – und die Freude wird kommen und ungebremst aus dir hervorsprudeln.

Lebe in Freude, in Liebe ... Wer in der Freude lebt, wird auf natürliche Weise in der Liebe leben. Liebe ist der Duft, den die Blume der Freude verströmt.

DIE MEDITATION
SCHAFFE RAUM FÜR DIE FREUDE

Sich selbst zu erkennen ist etwas ganz Grundlegendes. Es ist nicht schwierig, es kann nicht schwierig sein. Du musst nur ein paar Dinge verlernen. Du musst nichts hinzulernen, um zu erkennen, wer du bist; du musst einfach nur ein paar Dinge *verlernen*.

Erstens: Verlerne, dich mit Dingen zu identifizieren.

Zweitens: Verlerne, dich mit Gedanken zu identifizieren.

Das Dritte kommt dann ganz von allein – das Zeugesein.

Die Technik

ERSTE PHASE: Als Erstes beginne damit, Dinge zu beobachten. Während du still dasitzt, betrachte einen Baum und sei einfach nur aufmerksam, ohne darüber nachzudenken. Denke nicht: »Was ist das für eine Art von Baum?« Sage dir nicht, dass er schön oder hässlich ist. Sage nicht, dass er »grün« oder »vertrocknet« ist. Lass keine Gedanken sich um den Baum ranken; schau ihn einfach nur an.

Das kannst du überall tun: irgendetwas beobachten. Merke dir nur eines dabei: Wenn ein Gedanke kommt, lege ihn beiseite. Schiebe ihn zur Seite, und dann betrachte weiter den Gegenstand.

Anfangs wird es schwierig sein, aber nach einer gewissen Zeit werden Lücken entstehen, in denen kein Gedanke auftaucht. Du wirst erleben, dass große Freude über diese simple Erfahrung in dir aufsteigt. Dabei ist gar nichts geschehen – nur, dass keine Gedanken mehr da sind. Der Baum ist da, du bist da, und dazwischen ist ein Raum, der nicht mit Gedanken angefüllt ist, eine Lücke. Plötzlich ist große Freude da, aus keinem ersichtlichen Grund, völlig grundlos. Freude ist eine Frucht der Freiheit vom Denken.

Die Freude ist schon da; sie war nur von den vielen Gedanken verdrängt worden. Wenn keine Gedanken da sind, kommt die Freude an die Oberfläche.

Damit hast du das erste Geheimnis gelernt.

ZWEITE PHASE: Schließe nun die Augen und schau dir innen jeden Gedanken an, der vorbeizieht – ohne darüber nachzudenken. Auf deiner inneren Leinwand taucht irgendein Gesicht auf, oder eine Wolke zieht vorüber, oder irgendetwas anderes. Schau es dir einfach an, ohne zu denken.

Dieser Vorgang wird ein wenig kniffliger sein als der erste, denn Gedanken sind eine subtile Sache. Doch wenn das Erste geklappt hat, wird auch das Zweite klappen; es braucht nur etwas Zeit. Beobachte weiter die Gedanken. Nach einer Weile ... Es kann Wochen dauern, oder Monate, aber es kann auch Jahre dauern – das hängt ganz davon ab, wie intensiv und mit ganzem Herzen du es machst. Irgendwann bist du plötzlich ohne einen Gedanken.

Du bist allein. Große Freude wird aufkommen – tausend Mal größer als die erste Freude, die du erlebt hast, als der Baum da war, aber keine Gedanken über ihn. Tausendfache Freude! So immens, dass du von Freude durchflutet sein wirst.

DRITTE PHASE: Sobald das geschieht, ist die Zeit gekommen, den Beobachter zu beobachten. Nun ist kein Objekt mehr da. Die Dinge sind weggefallen, die Gedanken sind weggefallen. Jetzt bist du allein. Jetzt beobachte einfach nur den Beobachter, sei Zeuge des Zeugeseins.

Am Anfang ist das nicht so leicht, denn wir wissen nur, wie man *etwas* beobachtet – einen Gegenstand, einen Gedanken. Jetzt ist nur noch der Beobachtende selbst übrig. Nun sei dir dessen gewahr, was gewahr ist – sei dir deiner selbst gewahr.

Das ist der geheime Schlüssel. Verweile in diesem Alleinsein, und es wird der Moment kommen, in dem es geschieht. Es muss zwangsläufig geschehen. Wenn die ersten beiden Phasen gelungen sind, wird auch die dritte gelingen. Mach dir darüber keine Gedanken.

Wenn es geschieht, dann weißt du zum ersten Mal, was Freude ist. Sie ist nicht etwas, das mit dir geschieht, darum kann sie dir nicht genommen werden. Sie ist dein authentisches Wesen, dein innerstes Sein. Sie kann dir nie wieder genommen werden. Jetzt ist es unmöglich, sie wieder zu verlieren. Du bist nach Hause gekommen.

Zitat des Tages

Das Leben ist schöner mit einer Prise Verrücktheit. Sei also nie hundertprozentig weise.
Ein bisschen Torheit verleiht der Weisheit ihre Würze.
Ein bisschen Verrücktheit verleiht dir Humor, und Demut.
Der wahre Weise hat auch etwas von einem Narren.

– Osho

Notizen

19. TAG LEBEN IN DER FREUDE

TAG 20

*Reife und die Verantwortung,
du selbst zu sein*

In einer Kultur, die dem Jugendwahn huldigt und keine Kosten scheut, um dem Älterwerden zu entgehen, stellt Osho im Zeitalter von Viagra und Schönheitschirurgie eine kühne, nahezu in Vergessenheit geratene Frage: Welche Vorteile könnten darin liegen, den Alterungsprozess als etwas Natürliches anzunehmen, statt sich auf der ganzen Strecke bis zum Grab an die Jugend und ihre Freuden zu klammern?

Osho führt uns zu den Wurzeln dessen, was es bedeutet, nicht nur älter, sondern tatsächlich erwachsen zu werden. In Bezug auf unsere Beziehungen zu anderen und die Erfüllung unseres individuellen Schicksals gemahnt/erinnert er uns an jene Freuden, die nur echte Reife bringt.

Die heutige Meditation heißt: »Vollende den Tag«.

Abends vor dem Schlafengehen nehmen wir uns eine halbe Stunde Zeit, um auf unseren Tag zurückzublicken und alles zu Ende zu bringen, was noch unvollendet geblieben ist.

OSHOS WORTE

»Was bedeutet Reife?«

Reife bedeutet dasselbe wie Unschuld, nur mit einem Unterschied: Sie ist wiedergewonnene Unschuld, zurückeroberte Unschuld. Jedes Kind wird unschuldig geboren und von der Gesellschaft verdorben. Jede Gesellschaft, die es bisher gab, hatte einen verderblichen Einfluss auf die Kinder. Alle Kulturen beruhen darauf, die Unschuld des Kindes auszubeuten, das Kind selbst auszubeuten, es zu einem Sklaven zu machen, es für ihre eigenen Zwecke zu konditionieren – politisch, sozial, ideologisch. Ihre ganze Anstrengung war immer darauf ausgerichtet, das Kind als Sklaven für irgendein Ziel zu gewinnen. Diese Zwecke werden von den Interessen der Gesellschaft bestimmt. Priester und Politiker haben sich zu diesem Zweck verschworen.

In dem Moment, in dem ein Kind Teil eurer Gesellschaft wird, verliert es etwas unendlich Wertvolles: Es wird mehr und mehr verkopft und vergisst das Herz. Doch das Herz ist die Brücke, die zum inneren Wesen führt. Ohne das Herz kannst du dein eigenes Wesen nicht erreichen – unmöglich. Vom Kopf gibt es keinen direkten Weg zum Sein; du musst über das Herz gehen, und alle Gesellschaften wirken zerstörerisch auf das Herz. Sie sind gegen die Liebe, gegen das Fühlen. Sie verurteilen Gefühle als Sentimentalität. Sie haben zu allen Zeiten die Liebenden verdammt, aus dem einfachen Grund, weil die Liebe nicht aus dem Kopf, sondern aus dem Herzen kommt. Ein Mensch, der fähig ist zur Liebe, wird früher oder später sein inneres Wesen entdecken – und sobald jemand sein Wesen entdeckt hat, ist er frei von allen Strukturen, von allen Mustern. Er ist frei von aller Gefangenschaft. Er ist reine Freiheit.

Reife bedeutet, deine verlorene Unschuld wiederzugewinnen, dein Paradies zurückzufordern, wieder Kind zu werden. Natürlich gibt es da einen Unterschied – das normale Kind wird unvermeidbar korrumpiert, doch, wenn du deine Kindheit zurückgefordert hast, bist du nicht mehr korrumpierbar. Jetzt bist du intelligent genug – du weißt, was die Gesellschaft dir angetan hat, und du bist wach und aufmerksam, du wirst nicht zulassen, dass es erneut passiert.

Reife ist eine Wiedergeburt, eine spirituelle Geburt. Du wirst neu geboren, du bist wieder ein Kind. Mit neuen Augen beginnst du die Existenz zu betrachten. Mit Liebe im Herzen gehst du auf das Leben zu. Mit Stille und Unschuld dringst du zu deinem innersten Kern vor. Du bist nicht mehr nur der Kopf. Du benutzt den Kopf, doch er ist dein Diener. Zuerst wirst du zum Herzen und dann transzendierst du sogar das Herz.

Über die Ebene der Gedanken und Gefühle hinauszugehen und zu reinem Sein zu werden, das bedeutet Reife. Das vollkommene Erblühen der Meditation ist Reife.

Um die wahre Schönheit deiner Kindheit zu erkennen, musst du sie zuerst verlieren; sonst würdest du sie niemals erkennen.

Der Fisch weiß nicht, was das Meer ist – außer du ziehst ihn heraus und wirfst ihn in der brennenden Sonne auf den Sand; dann weiß er, was das Meer ist. Nun sehnt er sich nach dem Meer und unternimmt jede Anstrengung, um ins Meer zurückzugelangen, und versucht ins Meer zurückzuspringen. Es ist derselbe Fisch, und doch nicht mehr derselbe. Es ist dasselbe Meer, und doch nicht mehr dasselbe, denn der Fisch hat eine Lektion gelernt. Nun ist er sich bewusst, nun weiß er: »Das ist das Meer und es ist mein Leben. Ohne es kann ich nicht sein – ich bin ein Teil davon.«

Jedes Kind muss seine Unschuld verlieren und wiedergewinnen. Sie zu verlieren ist nur die eine Hälfte des Prozesses – viele haben sie verloren, doch nur sehr wenige haben sie wiedergewonnen.

In dem Augenblick, in dem du erkennst, was es heißt, Teil einer Gesellschaft, einer Religion, einer Kultur zu sein – dass es bedeutet, unglücklich zu sein, ein Gefangener zu bleiben –, in diesem Augenblick beginnst du deine Ketten abzulegen. Die Reife ist nah, du bist dabei, deine Unschuld wiederzugewinnen.

Reife bedeutet, in der Gegenwart zu leben – vollkommen wach, im Gewahrsein der ganzen Schönheit und Herrlichkeit dieser Existenz.

DIE MEDITATION
VOLLENDE DEN TAG
Osho sagt:

> *»Es gibt einen Mechanismus in allem und jedem, der aus eigenem Antrieb zur Vollendung drängt. Ein Same will zum Baum werden, ein Kind will zum Jüngling werden, die unreife Frucht will reifen und so weiter und so fort. Alles will sich vollenden. Es gibt da einen eingebauten Drang nach Vollendung – und das trifft auf alle Erfahrungen zu. Jeden*

Abend, bevor du schlafen gehst, vollende den Tag. Real ist er zu Ende gegangen; nun ist es sinnlos, ihn weiterhin im Kopf herumzutragen. Darum führe ihn zu Ende. Sag ihm Adieu ... Nimm dir jeden Abend eine halbe Stunde Zeit, die du zu deiner Meditation machst: Vollende den Tag. Fange mit dem Morgen an und bringe alles zu Ende, was unvollständig geblieben ist. Du wirst dich wundern, denn alles kann vollendet werden. Und wenn du es vollständig gemacht hast, wirst du einschlafen.«

Die Technik

Wenn während des Tages irgendetwas unvollendet blieb, vollende es nun in Gedanken. Dir ist auf der Straße eine Person begegnet, die so traurig und bekümmert aussah, dass du sie am liebsten in die Arme genommen hättest. Das tut man aber nicht mit Fremden, also hast du es nicht getan. So blieb etwas unvollendet hängen.

Bevor du schlafen gehst, nimm dir dreißig Minuten Zeit und lass den Tag noch einmal Revue passieren, um zu sehen, was unerledigt blieb. Und dann bringe solche Momente psychisch zur Vollendung: Umarme diese Person, nimm sie bei der Hand und zeige ihr, dass du sie verstehst. Oder wenn dich jemand beleidigt hat und so respektlos war, dass du ihm am liebsten eine gescheuert hättest – was aber natürlich nicht ging ... Es wäre dich teuer zu stehen gekommen, und das war es dir nicht wert. Dann erledige es jetzt, bevor du schlafen gehst. Durchlebe solche unvollständig gebliebenen Augenblicke, statt sie unerledigt mit dir herumzutragen.

Du kannst mit dieser Meditation jederzeit experimentieren, wenn dir danach ist.

Zitat des Tages

Mache alles total, dann ist es erledigt und du brauchst keine psychischen Altlasten mit dir herumzutragen.
Alles Unerledigte bleibt in deiner Erinnerung hängen und wirkt weiter – ein Überbleibsel aus der Vergangenheit. Der Verstand will daran anknüpfen und es erledigen und vollenden. Er ist immer versucht, die Dinge zum Abschluss zu bringen. Vollende sie, damit der Verstand Ruhe gibt. Mache es dir zur Gewohnheit, alles total zu tun, dann wirst du eines Tages plötzlich merken: Der Verstand ist nicht mehr da! *Mind* ist die angesammelte Vergangenheit aller unvollendeten Handlungen.

– Osho

Notizen

20. TAG REIFE UND DIE VERANTWORTUNG, DU SELBST ZU SEIN

_____
_____
_____
_____
_____
_____
_____
_____
_____
_____
_____
_____
_____
_____
_____
_____
_____
_____
_____

TAG 21

Zorba the Buddha

Heute wollen wir dich mit »Zorba the Buddha« bekannt machen – Oshos Vision von einem neuen Menschen, der vollständig ist, nicht gespalten zwischen Materialismus und Spiritualität – ein Mensch, der die Fähigkeit besitzt, sämtliche Aspekte des Lebens zu feiern.

Eine Dimension dieses neuen Menschen repräsentiert Sorbas der Grieche, eine Romanfigur von Nikos Kazantzakis aus *Alexis Sorbas (engl. Titel: Zorba the Greek)*, im gleichnamigen Film dargestellt und berühmt geworden durch Anthony Quinn. Sorbas ist ein Mensch, der die körperlichen Freuden mit all seinen Sinnen feiert. Er genießt das Leben in vollen Zügen. Sorbas ist pure, spielerische Lebensfreude.

Buddha repräsentiert die andere Dimension des neuen Menschen – die Verkörperung von Spiritualität, Stille, Achtsamkeit, die scheinbar im Gegensatz zur materiellen Welt stehen, jedoch in ihren tiefsten Tiefen verborgen sind.

Osho sieht diese beiden Seiten nicht als Widerspruch, sondern als gegenseitige Ergänzung, die den Menschen erst zu einem gesunden Ganzen macht. Die Spaltung unserer Wesensnatur in diese beiden Teile, so betont Osho immer wieder, habe die gesamte Menschheit an den Rand des Wahnsinns gebracht. Oshos Vision ist die Synthese von Sorbas und Buddha – und dafür prägte er den Namen »Zorba the Buddha«.

Unsere heutige Meditation gibt dir einen Vorgeschmack des Lebensgefühls, wenn Zorba und Buddha eins sind – erhöhte Sensibilität und Sinneslust, gepaart mit stillem Gewahrsein.

OSHOS WORTE
Frage an Osho:

»Manchmal habe ich, wenn du redest, die Vision eines Lebens, wie es Sorbas der Grieche lebte: Essen, Trinken, Fröhlichsein – lustvoll und leidenschaftlich. Dann sage ich mir: Das ist der Weg! Zu anderen Zeiten habe ich den Eindruck, du sagst, der Weg bestehe darin, still zu sitzen, achtsam und unbeweglich, wie ein Mönch. Ich kann höchstens ahnen, dass es dir gelungen ist, diese Widersprüche zu vereinen. Aber können wir sowohl Zorbas, getrieben von Leidenschaft und Begehren, als auch Buddhas sein – leidenschaftslos, unidentifiziert und gelassen?«

Das ist die höchste Synthese – wenn Sorbas zu einem Buddha wird. Was ich hier hervorzubringen versuche, ist nicht Sorbas der Grieche, sondern Zorba the Buddha.

Zorba ist wunderbar, aber es fehlt ihm etwas. Die Erde ist sein, aber wo bleibt der Himmel? Er ist erdverbunden, verwurzelt, wie eine riesige Zeder, aber die Flügel fehlen ihm. Er kann nicht in den Himmel fliegen. Er hat Wurzeln, aber keine Flügel. Essen, Trinken, Fröhlichsein, das ist an sich völlig in Ordnung; daran ist nichts verkehrt. Aber es ist nicht genug. Man wird dessen bald müde. Man kann nicht immer nur essen, trinken und Party feiern (orig.: be merry). Es wird schnell langweilig, und dann verwandelt sich das Ringelspiel (merry-go-round) in ein Trauerspiel (sorry-go-round), denn es wiederholt sich ständig. Nur ein sehr mittelmäßiger Verstand kann damit lange glücklich sein. Wenn du auch nur ein bisschen Intelligenz besitzt, erkennst du früher oder später die völlige Sinnlosigkeit von dem allen. Wie lange kannst du mit dem Essen, Trinken und Feiern weitermachen? Früher oder später wird zwangsläufig die Frage auftauchen: Wozu *soll das alles gut sein? Worin liegt der Sinn? Dieser Frage kann man nicht lange ausweichen. Und wenn du besonders intelligent bist, ist die Frage ständig da; beharrlich bedrängt sie dein Herz nach einer Antwort: »Sag mir die Antwort! – wofür?«*

Und eines sollte man nicht vergessen: Es sind nicht diejenigen, die arm sind und am Hungertuch nagen, die vom Leben frustriert sind – nein. Sie können nicht frustriert werden. Sie haben noch gar nicht gelebt – wie könnten sie frustriert werden? Sie haben Hoffnungen. Ein Armer hegt immer Hoffnungen. Ein Armer wünscht sich immer, dass etwas geschehen wird, er hofft, dass etwas geschehen wird. Wenn nicht heute, dann morgen oder übermorgen. Wenn nicht in diesem Leben, dann im nächsten.

Was denkst du denn? Wer sind denn die Leute, die sich den Himmel als ein Playboy-Paradies ausgemalt haben? Was sind das für Leute? Die Hungrigen, die Ärmsten der Armen, die ihr Leben nicht gelebt haben. Sie projizieren ihre Wünsche in den Himmel. Im Paradies gibt es Bäche von Wein! Halb verhungert hatten sie keine Chance, ihr Leben zu leben. Wie könnten sie vom Leben frustriert sein? Sie haben nicht die Erfahrungen – nur durch eigene Erfahrung gelangt man an den Punkt, dass man die völlige Sinnlosigkeit von alldem erkennt. Nur ein Zorba kann die ganze Sinnlosigkeit von alldem erkennen.

Buddha war selbst ein Zorba. Ihm gehörten all die schönen Frauen des Königreiches. Sein Vater hatte es so arrangiert, dass er von den schönsten Mädchen des Landes umgeben war. Er hatte die schönsten Paläste – an verschiedenen Orten für die verschiedenen Jahreszeiten. Er hatte allen erdenklichen Luxus, zumindest den, der zu seiner Zeit möglich war. Er lebte ein pralles Leben, wie der Grieche

Zorba – doch im Alter von 29 Jahren war er schon völlig frustriert. Aber Buddha war hochintelligent. Wäre er Mittelmaß gewesen, hätte er so weitergelebt. Doch er blickte bald durch: Es wiederholt sich alles, es ist immer das Gleiche. Jeden Tag speist man, jeden Tag macht man Liebe mit einer Frau ... und er konnte jeden Tag neue Frauen zum Lieben haben. Aber für wie lange ...?! Er hatte das süße Leben bald satt.

Die Erfahrung des Lebens ist sehr bitter. Nur in der Vorstellung ist es süß. In der Realität ist das Leben sehr bitter. Buddha flüchtete aus dem Palast und vor all den Frauen und Reichtümern und dem ganzen Luxus und allem ...

Ich habe also nichts gegen Zorba den Griechen, denn Zorba der Grieche ist das Fundament für Zorba den Buddha. Der Buddha erwächst aus dieser Lebenserfahrung. Ich bin total für das Diesseits, denn ich weiß, dass das Jenseits nur im Diesseits erfahren werden kann. Darum sage ich nicht, dass du dich aus dieser Welt zurückziehen sollst; ich sage nicht, dass du ein Mönch werden sollst. Ein Mönch ist jemand, der Zorba den Rücken gekehrt hat; er ist ein Eskapist, ein Weltflüchtender, ein Feigling. Er hat eine vorschnelle Entscheidung getroffen, eine unintelligente Entscheidung. Er ist kein gereifter Mensch. Ein Mönch ist unreif, gierig – gierig nach der anderen Welt, und er will zu schnell dorthin gelangen, obwohl die Zeit für ihn noch nicht gekommen ist. Er ist dafür noch nicht reif.

Lebe in dieser Welt, denn diese Welt ermöglicht dir Reifung, Verantwortung, Integrität. Die Herausforderungen, denen du dich in dieser Welt stellen musst, verleihen dir Zentriertheit und Bewusstheit. Und auf der Stufenleiter der Bewusstheit wird deine Entwicklung voranschreiten. So kannst du dich vom Zorba zum Buddha hinbewegen.

TAG 21 Zorba the Buddha

Aber lass es mich noch einmal sagen: Nur Zorbas werden zu Buddhas – und Buddha war nie ein Mönch. Ein Mönch ist jemand, der nie ein Zorba war und sich von den Worten der Buddhas verzaubern lässt. Ein Mönch ist ein Nachahmer; er ist unecht, fake. Er imitiert die Buddhas. Egal, ob als Christ oder Buddhist oder Jaina – das macht keinen großen Unterschied; er ist nur eine Buddha-Imitation.

Du kannst das Höhere nur erreichen, wenn du das Niedrigere durchlebt hast. Du kannst dir das Höhere nur verdienen, wenn du durch die ganze Agonie und Ekstase des Niedrigeren hindurchgegangen bist. Bevor ein Lotos zum Lotos werden kann, muss er durch den Schlamm hindurch – den Schlamm dieser Welt. Der Mönch ist vor dem Schlamm geflohen, und so wird er nie zu einem Lotos. Es ist, als hätte der Lotossame Angst davor, in den Schlamm zu fallen – vielleicht mit der Ego-Vorstellung: »Ich bin doch ein Lotossame! Ich kann unmöglich in den Schlamm fallen!« Doch dann bleibt er ein Same und blüht nie zu einem Lotos auf.

Ich möchte, dass ihr in der Erde verwurzelt seid. Sehne dich nicht nach der jenseitigen Welt. Lebe in dieser Welt, und lebe sie voller Intensität und Leidenschaft. Lebe sie mit Totalität, mit deinem ganzen Sein. Und durch dieses Vertrauen ins Ganze, durch dieses Leben der Leidenschaft, Liebe und Freude wirst du fähig, darüber hinauszugehen.

Die andere Welt ist in dieser Welt verborgen. Der Buddha schlummert im Zorba; er muss erweckt werden. Und niemand kann dich erwecken, außer das Leben selbst.

Ich bin hier, um dir zu helfen, total zu sein – egal, wo du bist, egal, in welchem Zustand du dich befindest: Lebe diesen Zustand so total wie möglich. Nur durch totales Durchleben einer Erfahrung wächst man über sie hinaus.

Zuerst werde ein Zorba, eine Blume dieser Erde – und erwerbe dir dadurch die Fähigkeit, ein Buddha zu werden, die Blume der anderen Welt. Die andere Welt ist von dieser Welt nicht weit entfernt; die andere Welt steht nicht im Gegensatz zu dieser Welt: Die andere Welt ist in dieser Welt verborgen. Das Diesseits ist die Manifestation des Jenseitigen, und das Jenseitige ist der nicht manifestierte Teil des Diesseits.

DIE MEDITATION
WERDE BEIM ESSEN UND TRINKEN ZUM GESCHMACK

Wenn Osho sagt, dass das Jenseits nur im Diesseits erfahren werden kann, wenn er sagt, dass die jenseitige Welt in dieser Welt verborgen ist, dass im Zorba der Buddha schlummert und die jenseitige Welt nicht im Gegensatz zum Diesseits steht, sondern eine Manifestation davon ist – wie können wir dies zu unserer eigenen Erfahrung machen? Wie können wir die innere Spaltung zwischen unserem »Zorba« und unserem »Buddha« heilen, damit sie wieder ein Ganzes werden?

Auch hier liegt der Schlüssel wieder darin, »total zu sein« im Hier und Jetzt, bei jeglicher Aktivität. Die heutige Methode ist einfach, unmittelbar erfahrbar und genussreich. Wenn du möchtest, kannst du sie gleich bei deiner nächsten Mahlzeit oder Snack-Pause praktizieren. Nimm dir für dieses Essen aber etwas mehr Zeit als sonst.

Vorher lies dir noch einmal die Anleitung durch, um dein Gedächtnis aufzufrischen und dir zu helfen, die richtige Einstimmung zu finden. Am einfachsten ist es, wenn du dabei allein bist. Oder du vereinbarst mit deinen Freunden oder mit deiner Familie, gemeinsam für etwa zehn bis fünfzehn Minuten schweigend diese Übung zu machen, ehe ihr wieder auf »normal« umschaltet und eure gewohnten Tischgespräche aufnehmt.

Die Technik

Hier nun die Methode, wie Osho sie im *Buch der Geheimnisse* erläutert:

»Werde, wenn du isst oder trinkst, zum Geschmack der Speise oder des Tranks und sei erfüllt.«

»Wenn du das nächste Mal etwas isst oder trinkst, tue es langsam. Schmecke es ganz bewusst. Nur wenn du langsam vorgehst, kannst du den Geschmack wahrnehmen. Schlucke nicht einfach nur alles hinunter. Koste es aus, ohne Eile, und werde zu dem Geschmack. Wenn du Süßes kostest, werde zu dieser Süße. Du wirst sie im ganzen Körper spüren, nicht nur im Mund, nicht nur auf der Zunge. Überall im Körper ist eine gewisse Süße zu spüren – oder eben ein anderer Geschmack – und breitet sich in Wellen aus. Was es auch sei, das du gerade isst oder trinkst: Empfinde den Geschmack und werde zu diesem Geschmack.

Wenn du Wasser trinkst, spüre die Kühle. Schließe die Augen, trinke es langsam, schmecke es. Spüre die Kühle und fühle, wie du zu dieser Kühle wirst, denn die Kühle überträgt sich vom Wasser auf dich, sie wird langsam zu einem Teil deines Körpers. Dein Mund berührt sie, deine Zunge berührt sie, und die Kühle überträgt sich. Lass es im ganzen Körper geschehen. Lass zu, dass es sich in Wellen in dir ausbreitet, bis du im ganzen Körper die Kühle empfindest. Auf diese Art wird deine Empfindsamkeit wachsen und du wirst lebendiger und erfüllter werden.«

Das ist die Methode! Du kannst sie so oft und so lang, wie du möchtest, praktizieren. Sie wird dir mit Leichtigkeit das »Zorba-the-Buddha«-Aroma von erhöhtem Sinnesgenuss, gepaart mit stiller Achtsamkeit, vermitteln. Und das gleiche Prinzip kannst du spielerisch auch auf andere Dimensionen deines Lebens übertragen.

Zitat des Tages

Alle sagen dir, man müsse Zurückhaltung üben.
Warum? Weshalb solltest du in einem
so kurzen Leben Zurückhaltung üben?
Springe, so hoch, wie du kannst.
Tanze, so wild, wie du kannst.

– Osho

Notizen

21. TAG ZORBA THE BUDDHA

Empfohlene deutschsprachige Bücher von Osho, nach Themen geordnet

TAG 1 Was ist Meditation?	DAS BLAUE MEDITATIONSBUCH Arkana 2014
TAG 2 Meditationen für Liebe und Beziehung	LIEBE, FREIHEIT, ALLEINSEIN Arkana 2002
TAG 3 Meditationen über die Wut	EMOTIONEN: Frei von Angst, Eifersucht, Wut Arkana 2000
TAG 4 Leben in der Balance	INTIMITÄT: Vertraue dir selbst und den anderen, Allegria 2004
TAG 5 Liebe und Meditation – Hand in Hand	TANTRISCHE TRANSFORMATION Osho Verlag 1995
TAG 6 Lebe gefährlich	ANGST: Die Unwägbarkeiten des Lebens verstehen und annehmen, Goldmann 2008
TAG 7 Beobachte den Verstand	DAS BUCH DER GEHEIMNISSE – 112 Meditations-Techniken zur Entdeckung der inneren Wahrheit, Arkana 2009
TAG 8 Man braucht Intelligenz, um glücklich zu sein	TANTRA: DIE HÖCHSTE EINSICHT Innenwelt 2004

TAG 9 Die Einheit von Körper, Geist und Seele	DAS CHAKRA BUCH Innenwelt 2007
TAG 10 Werde langsamer	VOM LEBEN UND STERBEN, Allegria 2007; DAS BUCH VOM LEBEN UND STERBEN, Innenwelt 2019
TAG 11 Jeder Mensch ist kreativ	KREATIVITÄT: Die Befreiung der inneren Kraft, Heyne 2001
TAG 12 Intuition – Lernen von innen	INTUITION: Einsichten jenseits des Verstandes, Heyne 2003
TAG 13 Meditation und Konditionierung	DAS ORANGENE BUCH: Die Osho Meditationen für das 21. Jahrhundert, Innenwelt 2019
TAG 14 Wie man aufhört, andere zu beurteilen	BEWUSSTSEIN: Beobachte, ohne zu urteilen, Allegria 204
TAG 15 Die Kunst des Zuhörens	GOLD NUGGETS – Texte zur Kunst des Seins, Innenwelt 2019
TAG 16 Entspannung durch Achtsamkeit	Body-Mind-Balancing Goldmann 2003
TAG 17 Akzeptiere dich ganz und gar	DIE KRAFT DER SELBSTACHTUNG Ullstein Allegria 2014

TAG 18 Sex, Liebe und Meditation	SEX: DAS MISSVERSTANDENE GESCHENK: Sexualität, Liebe und höheres Bewusstsein, Goldmann 2005
TAG 19 Leben in der Freude	MUT: Lebe wild und gefährlich, Allegria 2012
TAG 20 Reife und die Verantwortung, du selbst zu sein	REIFE: Sei was du bist, Heyne 2003
TAG 21 Zorba the Buddha	FREIHEIT: Der Mut, du selbst zu sein, Allegria 2005

Osho International Meditation Resort

LAGE
Etwa 120 Kilometer südöstlich von Mumbai, in der prosperierenden indischen Stadt Pune gelegen, ist das OSHO International Meditation Resort ein Urlaubsort besonderer Art. Das Meditationsgelände mit seinen spektakulären, üppigen Gärten erstreckt sich über 15 Hektar inmitten eines von alten Baumalleen gesäumten Villenviertels.

OSHO MEDITATIONEN
Ein volles Tagesprogramm bietet vielseitige Meditationsmethoden an – traditionell oder revolutionär, passiv oder aktiv, und insbesondere die OSHO Aktiven Meditationen®. Sie finden im »Osho Auditorium« statt, der vielleicht größten Meditationshalle der Welt.

OSHO MULTIVERSITY
Ein ganzes Spektrum an Einzelsitzungen, Gruppenworkshops und Kursen umfasst vielfältige Angebote in kreativen Künsten, ganzheitlicher Gesundheit, persönlicher Transformation, Wandel in Beziehungen und Lebensphasen, Integration von Meditation als Lifestyle für Arbeit und Leben, esoterischen Wissenschaften bis hin zum »Zen«-Ansatz in Sport und Erholung. Das Erfolgsgeheimnis der »OSHO Multiversity« beruht auf der Tatsache, dass sämtliche

Programme mit Meditation verknüpft sind und uns Menschen als spirituelle Wesen begreifen, die wir sehr viel mehr sind als nur die Summe unserer Teile.

OSHO BASHO SPA
Das luxuriöse »Basho Spa« bietet einen wunderbaren Rahmen für entspanntes Schwimmen im Freien mitten unter Bäumen und tropischem Grün. Dazu ein einzigartig gestaltetes, großzügiges Sprudelbad, Saunen, Fitnessraum, Tennisplätze – alles in atemberaubend schöner Umgebung.

KÜCHE
In verschiedenen Restaurantbereichen wird köstliches vegetarisches Essen der westlichen, ostasiatischen und indischen Küche serviert – überwiegend aus organischem Anbau speziell für das Resort – sowie Brot und Kuchen aus der eigenen Bäckerei.

NACHTLEBEN
Viele verschiedene Abendveranstaltungen stehen zur Wahl, wobei Tanzen ganz oben auf der Liste steht. Andere Aktivitäten sind zum Beispiel Vollmondmeditationen unter dem Sternenhimmel, Varietéshows, Konzerte und Meditationen für das tägliche Leben. Man kann es aber auch einfach genießen, Leute im Plaza Café zu treffen oder in der nächtlichen Stille der Gärten in dieser märchenhaften Umgebung spazieren zu gehen.

DIENSTLEISTUNGEN
Alle wichtigen Dinge des täglichen Gebrauchs gibt es in der »Galleria« zu kaufen. Die »OSHO Multimedia Gallery« bietet ein breites Spektrum an Osho-Meditationsprodukten.

Außerdem gibt es eine Bank, ein Reisebüro und ein Internetcafé auf dem Gelände. Wer gerne Shoppen geht, hat dafür in der Stadt Pune viele Möglichkeiten – von traditionellen und landestypischen indischen Produkten bis zu sämtlichen internationalen Markenläden.

UNTERKUNFT
Man kann wählen zwischen den eleganten Zimmern des OSHO Gästehauses oder – speziell bei längeren Aufenthalten – verschiedenen Pauschalangeboten des »OSHO Living-In-Programms«. Daneben gibt es zahlreiche Hotels und Apartments mit Service in der näheren Umgebung.

www.osho.com/meditationresort
www.osho.com/guesthouse
www.osho.com/livingin

Über den Autor

Über Osho und sein Wirken findest du ausführliche Informationen unter:

www.OSHO.com

Diese umfangreiche mehrsprachige Website umfasst ein Online-Magazin, Informationen über Bücher (OSHO Books), Vorträge im Audio- und Videoformat (OSHO TALKS), das »OSHO Library Textarchiv« in Englisch und Hindi sowie ausführliche Informationen über die OSHO-Meditationen. Außerdem enthält sie das Programm der »OSHO Multiversity« und nähere Informationen über das »OSHO International Meditation Resort«.

Internet-Adressen:

http://OSHO.com/AllAboutOSHO
https://OSHOtimes.com
http://www.YouTube.com/OSHOinternational
https://www.Facebook.com/OSHOdeutsch
http://www.Instagram.com/OSHO.International
http://www.Twitter.com/OSHO

Kontakt zur OSHO International Foundation:
www.osho.com/oshointernational
oshointernational@oshointernational.com

Über Osho

Osho entzieht sich jeglicher Kategorisierung. In Tausenden von Reden hat er nahezu jedes menschlich relevante Thema behandelt – von der individuellen Sinnsuche bis hin zu den dringlichsten sozialen, politischen, existenziellen Fragen, mit denen die gesamte Welt heute konfrontiert ist. Seine Bücher sind nicht von ihm geschrieben, sondern aus Tonband- und Videoaufnahmen seiner Reden, die er vor einer internationalen Zuhörerschaft immer aus dem Stegreif gehalten hat, transkribiert worden. Dazu meint er: »Denkt daran, was auch immer ich sage, ist nicht nur für euch bestimmt ... Ich spreche auch zu den zukünftigen Generationen.«

Die Londoner *Sunday Times* hat Osho als einen der »1000 Gestalter des 20. Jahrhunderts« bezeichnet; der amerikanische Romanautor Tom Robbins nannte ihn »den gefährlichsten Mann seit Jesus Christus«. Die indische Zeitung *Sunday Mid-Day* zählt Osho zu den »zehn Menschen, die das Schicksal Indiens verändert haben« – neben Gandhi, Nehru und Buddha.

Osho selbst hat über sich und sein Wirken gesagt, er wolle dazu beitragen, die Voraussetzungen für die Geburt einer neuen menschlichen Seinsweise zu schaffen. Diesen neuen Typ Mensch umschreibt er oft als »Zorba the Buddha« – ein Mensch, der die irdischen Freuden eines »Alexis Sorbas« ebenso zu schätzen weiß wie die stille Heiterkeit eines

Gautama Buddha. Durch sämtliche Aspekte von Oshos Wirken zieht sich wie ein roter Faden die Vision einer Verschmelzung der zeitlosen Weisheit aller vergangenen Zeitalter mit den höchsten Potenzialen der heutigen (und zukünftigen) Wissenschaft und Technik.

Bekannt ist Osho vor allem für seinen revolutionären Beitrag zur Wissenschaft der inneren Transformation, wobei Meditation einen grundlegenden Ansatz darstellt, der uns hilft, in dem beschleunigten Tempo des heutigen Lebens die Balance zu finden. Daher sind die einzigartigen »OSHO Aktiven Meditationen« so gestaltet, dass zuerst der in Körper und Geist angesammelte Stress freigesetzt wird, was es dann leichter macht, die Erfahrung eines gedankenfreien und entspannten Zustands von Meditation in den Alltag mitzunehmen.

Vom Autor sind zwei autobiographische Werke erschienen:

Autobiographie (Autobiography of a Spiritually Incorrect Mystic), Allegria, 2005

Goldene Augenblicke (Glimpses of a Golden Childhood), Innenwelt, 1995